本书出版得到以下项目资助：
广西高校人文社会科学重点研究基地（广西科技大学广西工业高质量发展研究中心）基金
柳州市哲学社会科学规划课题“柳州产业协同发展与粤港澳大湾区对接融合研究”（19BEL02）
“当前柳州智慧城市建设问题研究”（15BSL12）
广西科技大学博士基金项目“西部地区制造业新型化发展研究”（校科博17S01）

智慧城市与产业协同化研究：基于柳州的实践

Research on Smart City and Industrial Collaboration: Based on Practices in Liuzhou

詹浩勇　冯金丽◎著

经济管理出版社
ECONOMY & MANAGEMENT PUBLISHING HOUSE

图书在版编目（CIP）数据

智慧城市与产业协同化研究：基于柳州的实践/詹浩勇，冯金丽著．—北京：经济管理出版社，2021.3

ISBN 978－7－5096－7863－3

Ⅰ.①智… Ⅱ.①詹… ②冯… Ⅲ.①现代化城市—城市建设—研究—柳州 ②区域经济发展—产业发展—协调发展—研究—柳州 Ⅳ.①F299.276.73 ②F127.673

中国版本图书馆 CIP 数据核字(2021)第 051618 号

组稿编辑：曹　靖
责任编辑：曹　靖　郭　飞
责任印制：黄章平
责任校对：董杉珊

出版发行：经济管理出版社
（北京市海淀区北蜂窝 8 号中雅大厦 A 座 11 层　100038）
网　　址：www. E－mp. com. cn
电　　话：(010) 51915602
印　　刷：唐山玺诚印务有限公司
经　　销：新华书店
开　　本：720mm×1000mm/16
印　　张：12.25
字　　数：160 千字
版　　次：2021 年 4 月第 1 版　　2021 年 4 月第 1 次印刷
书　　号：ISBN 978－7－5096－7863－3
定　　价：78.00 元

目　录

I　智慧城市篇：当前柳州智慧城市建设问题研究

Ⅱ　绿色智造篇：提升柳州绿色智能制造竞争力的路径与对策

Ⅲ 开放合作篇：柳州产业协同发展与粤港澳大湾区对接融合研究

Ⅰ　智慧城市篇：当前柳州智慧城市建设问题研究

一、智慧城市理论概述

（一）智慧城市的内涵

1. 智慧城市发展的背景

随着社会经济的不断发展，许多城市在迅速扩张。而在可持续发展理念主导的时代背景下，城市的发展扩张面临着诸多挑战：低效的城市管理方式、难以发挥实效的城市应急系统、拥堵的交通系统、过度的资源消耗、日益严重的空气污染、碳排放不断增加导致的全球气温变化等。城市必须应用新的措施和技术，探索新的发展路径和模式以应对这些实际挑战。智慧城市（Smart City）是进入21世纪以来在全世界范围内出现的关于未来城市发展的新理念，具有透彻感知、泛在互联、高效协同、精准管控、创新应用、和谐发展等特征，是一种崭新的城市形态，对于应对全球城市快速发展中出现的人口膨胀、交通拥堵、环境污染等问题具有重要的意义。

“智慧城市”的概念可以追溯到“智慧地球”。“智慧地球”（Smarter Planet）最早由IBM公司于2008年底提出。2008年11月28日，美国外交关系理事会召开了“技术、国际关系和主权”研讨会，时任IBM公司首席执行官彭明盛第一次提出了“智慧地球”的概念，他强调，整个世界的各种系统和产业正越来越变得可测、互联互通和智能化；下一代领导人和公民可以利用当前技术应用状态和处理各种事务的能力，改进和提升整体事务的运行体系和各种产业。2009年1月28日，在美国候任总统奥巴马出席的美国工商领袖圆桌会议上，彭明盛再次提出了“智慧地球”的概念，他进一步指出，下一个十年将是“智慧的十年”，建设“智慧地球”有助于解决面临着最大压力的各种现实经济社会问题，而且可以作为有效应对2008年国际金融危机和实现经济复苏的战略举措。在此基础上，2009年，IBM商业价值研究院发布了《智慧地球》一书，优先推荐了智慧的电力、智慧的医疗、智慧的城市、智慧的交通、智慧的供应链和智慧的银行六大领域。“智慧城市”概念正式形成，并迅速席卷全球。

从IBM公司提出建设智慧城市的初衷来看，其核心诉求是通过信息通信技术的应用，以提供更敏捷的感知、更迅速的传输、更广泛的互联以及更智慧的服务，从而使处于孤立状态的应用系统能够实现全面的互联互通和信息共享，以便能够高效处理城市经济发展和社会治理所面临的各种挑战。但应该清楚地看到，信息通信技术对城市现代化和智慧化发展做出相当大的贡献并将带来巨大收益，然而，绝不能以技术眼光孤立地看待智慧城市，比如片面地将智慧城市建设理解为单纯的科技项目，而应将其看作是一个城市不断探寻最佳运作方式的一种努力。

自工业革命以来，城市的规模和数量均实现了快速的扩张，城市化在带动城市财富增长、提供区域发展动力等方面起到了重要作用。但是，资源过度消费、环境日益恶化、贫富差距加大等一系列不利因素也逐渐显现。基于发展中所面临的问题和挑战，许多崭新的城市发展理念在近年来应运而生，包括基于技术维度的数字城市、智能城市、无线城市、虚拟城市等，基于人文维度的创新城市、知识城市、生态城市、低碳城市等，基于制度维度的智慧社区、智慧增长等①。智慧城市，就是一种汇聚、融合了上述多种发展理念的城市发展新模式。首先，数字化、智能化是计算机互联网时代的技术基础，无线化、虚拟化又是与智慧城市发展理念相适应的技术基础条件，智慧城市可以说是与上述类型城市一脉相承，更是发展到更高阶段的必然结果。其次，智慧城市通过鼓励发展物联网、大数据分析、云计算等高新技术带动创新与研究发展活动，因而是一个创新城市；同时，它通过优质的高等教育、集聚的知识生产要素、终生学习的学习氛围培育智慧的市民、宜居的环境，最终营建知识城市、生态城市、低碳城市。最后，通过构建智慧社区，政府、企业、居民等利益相关者在一定制度安排下，运用信息通信技术进行精确决策，满足自身的社会经济需求，实现智慧增长，形成智慧城市运行的制度基石，智慧城市也成为体现智慧增长的切实空间载体。上述关系如图 1 – 1 所示。

2. 智慧城市发展的愿景

综上所述，透视出智慧城市建设的三大愿景：通识性愿景、工作性愿景和生活性愿景。通识性愿景能够使市民产生广泛的共鸣，并形成共识。工作性愿景可以为市民的进取和努力提供目标和导向，从而知晓自己为城市的发展应该做什么，怎么做。生活性愿景则为市民展现城市生活的美好未来，引导人们自觉自愿地尽到自己的一份绵薄责任。

---

① 朱桂龙，樊霞．智慧城市建设理论与实践［M］．北京：科学出版社，2015.

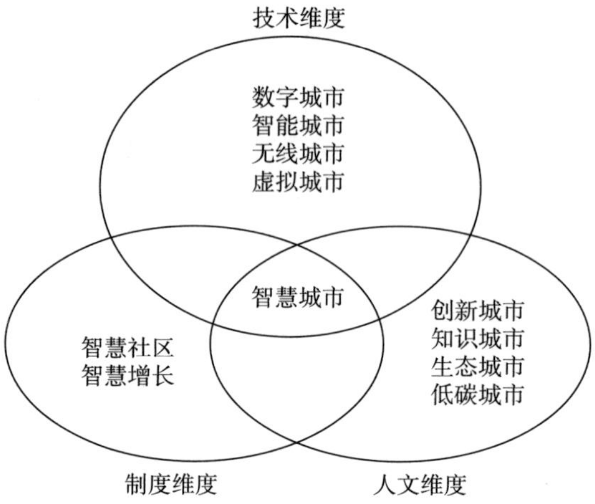

图 1-1　智慧城市与其相关概念之间的关系

（1）通识性愿景。城市是经济发展和社会进步之间包容性的有机体，在全球化和一体化发展进程中，由于技术进步和各种发展要素（如资本、劳动力）的高度流动性，每个城市更加需要明确自身的定位和特色，从而厘清发展所面临的机遇和挑战，更加理性、务实和稳妥地处理好城市发展进程中在公共服务、公共治理、基础设施、空间和区域规划、产业布局、环境保护和全球化等方面需要解决的众多紧迫问题，以增强可持续发展能力，不断推动城市转型发展。

（2）工作性愿景。以传感网络、移动互联网、云计算和大数据分析等为代表的新一代信息通信技术的创新和应用，映射出现代信息通信技术的网络化、泛在化、移动化和智能化特征，不仅为解决城市发展中所面临的上述紧迫问题提供了现实的可行条件，而且还可以吸引更广泛的利益相关者直接参与到城市治理体系建设之中。城市政府管理部门可以通过互动学习、“干中学”等方式，多元的利益相关者可以通过广泛参与、积极表达等方式，利用通透互联、开放共享的信息应用系统而不是局部的、孤立的或带有部门利益本位的信息应用系统，共同参与现代城市治理体系构建。

（3）生活性愿景。对于普通市民而言，城市能够提供更丰富的工作机会、更高级的生活品质和更宽广的选择，是实现人生梦想的舞台和栖息地，更是需要精心呵护的家园。智慧城市应该是一个具有普遍认同感、归属感和舒适感的城市，往往就是最具有宜居性、创新性、吸引力和包容性的城市。在这一意义上，“智慧”是城市普通市民对于日常生活“便利”“灵巧”“随意”“有求必应”的切身感受、体验乃至积累起来的自豪感；它是百姓的话语，而不是一个技术问题。由于获得上述体验与认知，普通市民十分乐意为实现城市良好治理尽到他们应尽的责任和义务。

3. 智慧城市的定义

归结上述理论可以看出，智慧城市是与原有城市发展理念相互吸纳、融合之后的城市发展新理念和新模式，是基于新一代信息通信技术深度开发和广泛应用所确立的新型城市发展战略，是推动政府职能转变、推进社会管理创新的新手段和新方法，是信息技术创新应用和城市转型发展深度融合的产物，它以城市走向绿色、低碳、可持续发展为核心需求导向，努力实现经济发展更高端、城市管理更高效、人民生活更幸福、城市环境更优美的城市发展目标。

4. 智慧城市的特征

（1）透彻感知。智慧城市利用遍布城市各处的传感装备和智能终端，对城市运行的核心系统进行测量、监控和分析，使城市中需要感知和被感知的人和物可以相互感知，且能随时获取需要的数据和信息。

（2）泛在互联。智慧城市通过融合电信网、（移动）互联网、物联网等信息网络，打造泛在的承载网络，可将各种采集信息和控制信息进行实时准确的传递，实现人与人、人与物、物与物的互联互通。

（3）高效协同。智慧城市利用各种信息、数据资源库及公共服务平台，加强部门、行业间的资源整合、信息共享，使城市各个系统及其参与者实现高效协作，达到城市运行的最佳状态。

（4）精准管控。智慧城市通过透彻的感知、泛在的互联以及对海量数据进行快速、集中、准确的分析和处理并做出科学决策，实现对各个城市主体及城市系统的精准化、智慧化的管理和控制。

（5）创新应用。智慧城市强化各种信息资源利用和创新平台建设，鼓励政府、企业和公众在城市公共服务平台及各系统之上进行技术、业务和商业模式的创新应用，为城市提供源源不断的发展动力。

（6）和谐发展。智慧城市充分发挥智能化的决策和管理功能，加强城市各系统的相互融合和相互促进，实现城市系统内外、城市各系统之间以及人与自然、环境、生态等方面的和谐共处与持续发展。

（二）智慧城市的系统框架

如前所述，智慧城市是以物的智能和人的智慧相结合为特征，以智能的技术与智慧的制度有机融合为途径，系统化解决现代城市发展的突出问题，实现可持续发展的城市演进的新形态。因而，在设计和具体实施层面，可以将其视为一种复杂的、超大规模城市运行系统。智慧城市系统框架就是为了指导智慧城市建设，将智慧城市作为一个系统，按一定的理论逻辑和观察视角，选择一定的系统解构方法，对智慧城市进行系统化解构和展开后获得的具有结构化、形象化、体系化、共性化特征的智慧城市概念内涵。

审视智慧城市系统框架，一般具有以下内容。首先，人与物是城市的基本要素组成，因此智慧市民与智慧基础设施是智慧城市系统框架的支撑要素，应据此构建基础设施体系、技术支撑体系。其次，解决城市发展突出问题是城市建设和发展的重要目标，包括社会、政治、经济、文化、环境等诸多领域，而解决这些问题的根本在于实现智慧应用，最终形成智慧政务、智慧产业、智慧民生、智慧环境，它们是智慧城市系统框架的必备要素，应据此构建业务应用体系。最后，智慧城市的形成与发展离不开智慧城市保障体系，它是智慧城市系统框架的保障要素，通过发挥其统筹、规划、引领和推动作用，均衡处理好治理优化、产业发展、环境保护、民生改善之间的关系，实现城市可持续发展，应据此构建投融资体系、技术管理体系、制度体系。智慧城市系统框架如图 1 – 2 所示。

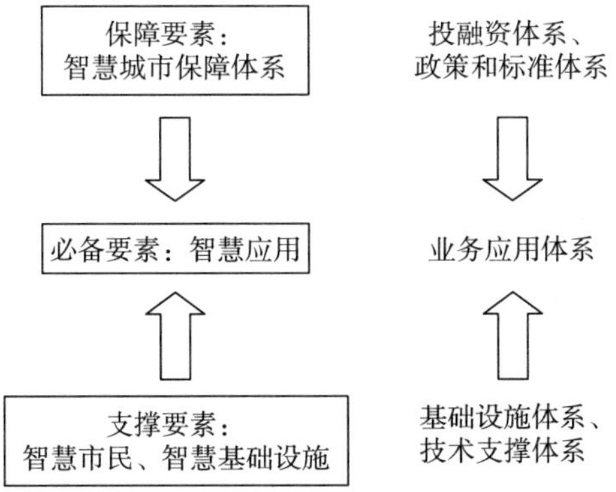

图 1 – 2　智慧城市系统框架示意

1. 支撑要素

（1）智慧市民。智慧城市建设是综合软实力的增加，而不是硬件的简单累加。智慧市民既是智慧城市的决策者和执行者，也是智慧城市建设成果的享用者。智慧城市系统框架各组成要素的形成、运营和发展都离不开人的参与，都要重视人的主观能动性的充分发挥，都要依赖人的选择和表达，因此，持续培育和广泛拥有智慧市民成为了构建智慧城市系统框架的首个重要支撑。一方面，智慧市民体现在每个城市居民素养的全面提升，包括知识水平与能力、道德品质、文化内涵、信息素养等。另一方面，智慧市民体现在专业化人才水平的全面提升。专业化人才是指从事一种需要专门技术的职业，并满足该职业特殊素质要求，并提供专门性社会服务的人。智慧城市建设涉及的范围和领域非常广泛，网络技术、云计算、大数据分析等都需要专业化人才以提供有力的智力支撑，包括技术骨干、专家、知识分子以及高等院校、科研机构与知识密集型服务业集群。综上所述，智慧城市首先需要积累知识资本，城市智慧化实质就是城市知识化的过程，即由低级知识含量向高级知识含量发展的过程。智慧市民始终是智慧城市的核心推动力量①。

（2）智慧基础设施。智慧基础设施是为实现城市基础设施透彻的感知、广泛的连接、高效的服务和精准的管理以及实现城市范围内不同部门、不同行业、不同群体、不同系统之间的数据融合和信息共享，从而提供技术支撑和安全保障的硬件、软件设施。智慧基础设施主要包括三个层次：物联化基础设施、互联化基础设施、智能化基础设施（见图1－3）。

①物联化基础设施。物联化基础设施基于各种感应技术嵌入各种物体并不断数字化，通过城市中的监控摄像机、传感器、RFID（射频识别）、数据中心、数据挖掘和分析工具、移动和手持设备、电脑和多媒体终端，实现对各系统更透彻的感知。物联化基础设施的主要功能是获取数据与信

① 李春佳．智慧城市内涵、特征与发展途径研究——以北京智慧城市建设为例［J］．现代城市研究，2015（5）：79－83.

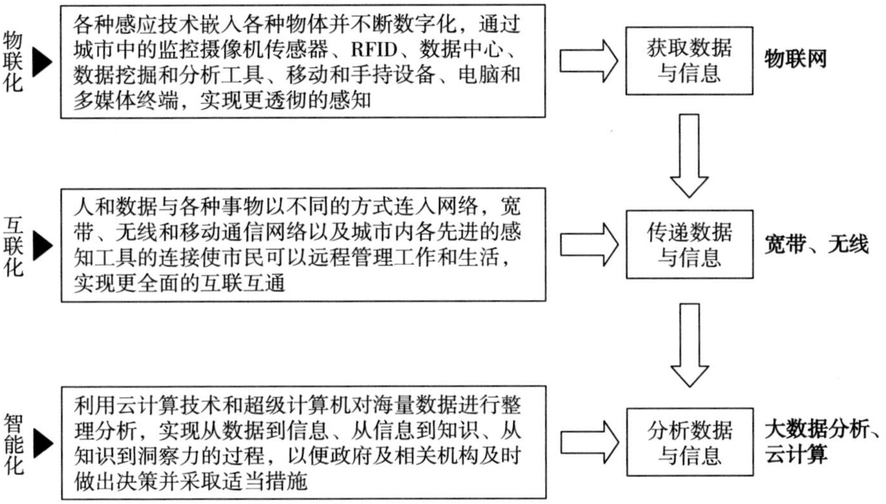

图 1－3　智慧城市基础设施示意

息，核心技术是物联网技术，核心基础设施是智慧电网、智慧水网、智慧气网、智慧能源环境、智慧交通等物联网。

建设好物联网是建设智慧城市必不可少的环节，是智慧城市的感官器。顾名思义，物联网就是物物相连的网络。其中，“物”就是物体智能化，“联”就是物体智能后信息的传输，“网”就是建立网络后的应用服务。简单来说，是指物体通过感知技术和智能装置，经过传输网络，到达指定的信息承载体（云计算平台），实现全面感知、可靠传送和智能处理，最终实现物与物、人与物之间的智能化识别、定位、跟踪、监控和管理的一种智能网络。目前，物联网用途已遍及智能交通、环境保护、政府工作、公共安全、平安家居、智能消防、工业监测、个人健康等多个领域。过去，市场研究公司 Business Inside Intelligence 曾大胆预测，到 2019 年，物联网将为全球经济增加 1.7 万亿美元的价值，其中包括硬件、软件、安装成本、管理服务及由于实现了物联网效率而增加的经济价值①。

英国曼彻斯特的智能交通解决方案“动态路网效率和出行信息系统”利用物联网技术为出行者提供实时的信息，使他们对服务的可靠性具有更多的信心，从而做出更明智的选择。英国布里斯托已经在数字化环境房屋能源管理系统（DEHEMS）中利用物联网来提高家庭能源效率。法国伊西莱穆利诺则实施了多项利用了城市物联网基础设施的智能教育服务。成都市通过物联网平台建立起了一个肉类和蔬菜的可追溯系统。上海浦东新区利用工业物联网关对366栋主要公共建筑进行了能源审计和分项计量监控。深圳前海新区利用物联网平台和大数据分析技术在城市商业区实现了一个智能停车解决方案，在国内属于首例②。

②互联化基础设施。通过互联化基础设施，基于宽带、无线和移动通信网络以及城市内各先进的感知工具的连接，使城市各主体可以远程管理、工作和生活，实现更全面的互联互通。互联化基础设施的主要功能是传递数据与信息，核心技术是新一代信息通信技术，核心基础设施是宽带、移动互联网等泛在、融合和安全的信息网络。

光纤宽带和新一代移动通信的创新发展构建出无所不在的城市网络环境，各国政府纷纷加大了投资力度。一些欧盟城市如阿姆斯特丹、巴塞罗那、曼彻斯特、威尼斯向其市民提供了免费Wi-Fi。宁波市以“基础先行、适度超前”原则推进智慧城市信息网络建设，取得了显著成效。一是光网城市建设走在全国前列。至2014年底，全市光网覆盖家庭334万户，已覆盖城区和所有行政村；城区光纤到户覆盖率超过95%，互联网宽带接入用户达285万户，家庭光纤宽带普及率位居全国前列；城区和农村宽带网络平均接入能力分别达30Mbps和6Mbps，互联网城域出口带宽超过

① 赵俊．坚硬的泡沫：智能硬件挺进新时代［J］．新财富，2015（10）：32.

② 中国信息通信研究院，中国欧盟政策对话支持项目．中欧智慧城市比较研究报告（2014年）［M］．北京：商务印书馆，2015.

2200Gbps，提前完成了“宽带中国”2015 发展目标。二是无线城市建设取得明显成效。在全市各地全面启动公共场所免费上网工程建设。至 2014 年底，累计建设免费 Wi-Fi 热点 300 个，免费 AP 数 3000 个，月均用户超过 58.9 万户；同时，已实现乡镇以上城镇区域的 4G 网络全覆盖[①]。

③智能化基础设施。通过智能化基础设施，利用大数据分析、云计算等新兴技术及其平台，对城市管理和服务各个系统的海量数据进行整理分析，实现从数据到信息、从信息到知识、从知识到洞察力的演进，以便政府、相关机构和市民及时做出决策并采取适当措施。智能化基础设施的主要功能是分析数据与信息，核心技术是大数据分析和云计算技术，核心基础设施是公共信息基础设施，包括公共基础数据库、公共综合数据库、公共专业数据库等基础数据库，信息资源共享交换平台，各种云计算或云服务中心（尤其是政府云计算中心）。

当下，大数据成为了企业竞争力和社会发展的一个重要资源[②]，是“未来的石油”。大数据分析是指对大量结构化和非结构化的数据进行分析处理，从中获得新的价值，具有数据量大、数据来源广泛、数据增长快速等特点，并需要用到大量的存储设备和计算资源。一是数据量大。随着互联网（移动互联网）、数码设备、物联网/传感器等技术的发展，城市的数据生产在高速增长，越来越多的数据被长期保存、挖掘和利用。二是数据来源广泛，类型多样。大数据可以来自社交网站、微博、电子邮件、门户网站、传感装置等；数据类型可以是文档、图片、视频、音频、日志、链接等，属于非结构化数据，这种数据成为智慧城市系统应用中的主要数据类型。三是数据增长快速。智慧城市大数据时效性要求很高，数据创建和移动速度显著加快。非结构化和半结构化数据数量正在以更快的速度

① 宁波市智慧城市建设工作领导小组办公室．宁波市智慧城市发展报告（2014）［M］．宁波：宁波出版社，2015.

② 吴敬琏等．供给侧改革引领“十三五”［M］．北京：中信出版社，2016.

增长。

大数据分析应用能够带来巨大的经济价值和社会价值。对于产业发展来说，大数据分析可以实现应用创新、降低行业内的生产成本并创造新的产业价值；对于企业而言，采用大数据分析可以提升企业竞争力，改善企业的营销规划、客户定位、产品创新、工作流程优化、人力资源管理、物流管理和风险控制等多方面的能力。最初，以互联网领域为主的企业首先尝试了大数据分析服务，基于用户行为进行大数据分析，进而为公众和客户提供定向广告推介等大数据分析服务。当今，大数据分析已被广泛应用于城市管理和服务的各个方面。

数据开放是推动大数据分析和挖掘大数据价值的重要前提。越来越多的城市向公众开放其数据库，以鼓励企业和个人多次利用存储其中的数据，为自身和其他市民创造价值。首尔于 2012 年 4 月启动了“开放广场”，向市民和私营部门免费发布行政信息，涵盖 880 个数据集，涉及儿童照管服务、公共交通路线、公交车到站时间、停车位情况、各地区天气状况、收到推荐的餐馆等信息，而且均附带地图、互联网链接、图片或统计数字。

计算和分析领域取得的进步使城市可以将各种来源的大量数据转换到新的应用中来，以提高生产率及改善为市民提供的服务。曼彻斯特利用大数据分析来更好地理解人、地点以及“问题家庭”的流行病学之间的联系。宁波市和深圳市前海区开展了基于大数据分析的数据挖掘来改进城市交通系统规划并降低污染①。

云计算技术及云平台是智慧城市信息处理与数据挖掘中心。根据美国国家标准和技术研究所的定义，云计算是一种可以随时随地方便而按需通

① 中国信息通信研究院，中国欧盟政策对话支持项目．中欧智慧城市比较研究报告（2014年）［M］．北京：商务印书馆，2015.

过网络访问可配置计算资源（如网络、服务器、存储、应用程序和服务）的共享池模式。云计算的体系结构包含以下三层。第一层结构是硬件平台，包括服务器、网络设备、存储设备等在内的所有硬件设施，是云计算的数据中心。而且，只有当硬件平台具备用较低的成本来实现大规模处理量的能力时，整个云计算才能为用户提供低价的服务。第二层结构是云平台，云平台首先提供了服务开发工具和基础软件（如数据库），从而帮助云服务的开发服务。最重要的是，云平台能够管理数据模型、工作流模型、具备统一的安全管理、存储管理等，且能够集成多个应用系统。第三层结构是云服务，云计算为数据挖掘提供计算能力，分析大型公共数据库以及联网的智能设备上的个人数据，从而有望推动智慧城市新型服务创新。

云计算和大数据分析技术相互依赖、相辅相成。大数据是高速跑车，云计算是高速公路。从技术角度来看，大数据分析应用需要用到大量的存储设备和计算资源，并会对存储数据进行频繁的读写操作。云计算采用分布式计算和虚拟资源等技术，通过网络将分散的 ICT 资源集中起来形成用户共享的资源池，以动态按需和可度量的方式提供服务，具有低成本优势，满足用户随时随地通过网络接入云平台同步云端数据和获取云服务的需求，可以很好地满足大数据分析应用的要求，推动大数据分析技术发展。从业务角度来看，大数据分析应用能够有效分析数据，挖掘新的内容并提供决策支持，具有巨大的经济、社会等价值，将会成为云计算时代的关键性应用，推动云计算快速发展。

国内外智慧城市建设都积极部署了云计算来降低为其市民提供服务的总体成本或者提供对市民的诉求反应更加迅速的服务。例如，巴塞罗那已经实施了基于云的解决方案来提供身份、安全性和设备管理、数据中心和业务线平台、大数据和分析、市民关系管理等服务。天津滨海新区的产业云一直在为超过500个用户提供云服务，用户包括石油勘探、设备制造、卫星遥感处理、研究机构和大学，服务包括超级计算、数字设计、自动化设计、基因分析等①。宁波市积极构建政务云计算中心，至2014年底，该市政务云计算中心已开始为智慧城市提供按需、可扩展的基础设施服务，已有11个市级部门的近70个应用系统在市政务云平台上线使用，人口、法人、自然资源、空间地理、信用信息等基础数据库、专题数据库陆续实现共享②。

2. 必备要素

智慧应用是对城市管理服务创新、民生改善等重难点问题的切实回应，也是判断智慧城市建设成效的核心标准。主要包括：

（1）智慧政务。智慧政务是指政府机构运用互联网、物联网、云计算、大数据分析、移动互联等核心智慧技术及其基础设施，发挥政府管理和服务职能，通过资源的整合优化，实现公共管理高效精准、公共服务便捷惠民、社会综合效益显著的目标。一般而言，智慧政务在智慧应用体系中又处于主导要素，其形成与完善会对智慧产业、智慧民生和智慧环境的建设水平和运行效率产生显著影响。

（2）智慧产业。智慧产业是指直接或间接利用人的智慧进行研发、创造、生产、管理等活动，加大对城市产业部门的知识资本和先进技术投入，改造提升传统产业，培育发展新兴产业，从而形成高效增长的城市产业体系。一是智慧制造业，即将新一代信息技术融入制造业生产的各个环节，深化工业化、信息化融合（“两化融合”），实现知识密集型生产和决

① 中国信息通信研究院，中国欧盟政策对话支持项目．中欧智慧城市比较研究报告（2014年）［M］．北京：商务印书馆，2015.

② 宁波市智慧城市建设工作领导小组办公室．宁波市智慧城市发展报告（2014）［M］．宁波：宁波出版社，2015.

策自动化的制造业发展形态。二是智慧服务业，即以物联网、移动互联网等新兴技术为核心驱动力，基于云计算平台，完成服务的执行及交付，实现服务模式的平台化、社会化和智能化的服务业发展形态。三是新一代信息技术产业，即新一代移动通信、下一代互联网核心设备和终端的研发和制造业，“三网”融合、物联网、云计算的硬件设备和软件系统的研发和制造业，高性能集成电路、新型平板显示、高端软件、高端服务等核心基础产业以及软件、网络增值等信息服务产业。四是智慧农业，即充分利用新一代信息技术、知识平台和专家智慧，实现农产品产、供、销全过程的智能感知和智能管控。

（3）智慧民生。智慧民生是指基于互联网、物联网、云计算、大数据分析、移动互联等核心智慧技术及其基础设施，提供市民在基本生活、基本发展和权益保护等方面的高效服务体系，提供一体化的满足城乡民生需求的交通出行、突发事件应急、城市规划和管理、教育文化、公共安全等各类综合信息服务系统，实现对民生需求的及时感知、实时响应和高效处理。

（4）智慧环境。智慧环境是以尊重自然、顺应自然、保护自然为基本发展理念，利用互联网、物联网、云计算、大数据分析、移动互联等核心智慧技术及其基础设施，提高生态环境的智能监测和综合治理水平，推进城市绿色发展、循环发展和低碳发展，形成节约资源和保护环境的空间格局、生产生活方式和环境。

3. 保障要素

智慧城市保障体系指以保障智慧城市建设又好又快发展为目标，构建必要的组织模块，所形成的一整套外部的、基础性的相互联系、相辅相成的系统。主要涵盖三大体系：

（1）投融资体系。投融资体系从资金要素的角度出发，解决智慧城市“由谁来建，用什么建”的问题，属于基础性保障。智慧城市建设体系庞大，各种项目需要大量投资，而融资仍是智慧城市倡议所面临的最大挑战之一。智慧城市项目的资金可由政府提供，或者直接通过公共部门直接融资。然而，基于全球视角审视，大多数智慧城市项目需要私人投资来填补资金缺口。为此，智慧城市建设过程中必须进行投融资机制创新，建立健全政府与企事业单位等多方参与、市场化运作的投融资体系，充分利用公私合作伙伴关系（PPP）、绿色债券、节能绩效保证合约、税收增量融资、众筹、私人投资等多种融资途径和手段①，通过增资扩股引进合作企业，组建智慧城市建设专业投资运营主体，引导更多的社会资金投向智慧城市建设。

（2）技术管理体系。技术管理体系从技术管理的角度出发，解决智慧城市“怎样建得更好”的问题，属于主导性保障。智慧城市建立在宽带、物联网、个人智能设备、云计算、大数据分析等更为综合、集成的应用基础上，因此，仅有先进信息通信技术是不够的，还需采取更有力的技术管理手段，从整个城市建设高度出发，构建技术管理体系，统筹规划、设计和部署城市技术体系和技术应用，以保障智慧城市系统的可用性、安全性、互通性和开放性。一是技术创新管理，加强产学研合作，强化公共技术平台、技术研发公共服务体系的构建，加大关键核心技术、共性技术研发的扶持力度。二是标准规范制定，围绕信息资源采集、组织、分类、保存、发布和使用等周期环节，建立符合智慧城市建设发展要求的标准体系。三是数据平台管理，加快推进各类公共基础大数据建设，建立健全信息资源开发和共享交换相关政策、法规和机制，建立大数据综合服务体

① 中国信息通信研究院，中国欧盟政策对话支持项目．中欧智慧城市比较研究报告（2014年）［M］．北京：商务印书馆，2015.

系，强化大数据安全与个人隐私保护。四是信息安全管理，完善信息安全保障体系，加强信息安全制度建设，研究和应对新型信息技术应用可能带来的安全与隐私保护问题。

（3）制度体系。制度体系从制度的角度出发，解决智慧城市“怎样更好地建”的问题，属于关键性保障。一是需要研究制订高起点、具体化、实用性的政策体系，积极创造智慧城市建设的政策环境，充分发挥政府的主推作用。二是要结合智慧城市的应用需求和探索实践，在推进智慧应用、知识创新、信息化发展等方面制定有关地方性法规和政府规章，做好法律法规保障。三是针对智慧城市建设需要经历渐进的长期发展过程，通过编制具有前瞻性、科学性和可操作性的智慧城市建设总体规划和实施方案，扎实有序地推进智慧城市建设。四是协调各方利益，破除制度障碍藩篱，鼓励市民参与城市智慧化转型和治理，构建良好的舆论导向和适宜的人文环境，为顺利推进智慧城市建设提供有力的体制机制保障。

二、当前柳州智慧城市建设的现状评估与分析

（一）加快推进柳州智慧城市建设的重大意义

1. 加快推进智慧城市建设有利于优化柳州产业结构

加快推进智慧城市建设，利用先进的信息技术和智能技术改造、提升传统产业，发展新兴产业，可以极大地推动柳州这一西部老工业城市的产业结构调整、优化和升级，尤其是可以矫正现代服务业发展“短腿”，从而也将成为落实“实业兴市、开放强柳”战略和供给侧结构性改革的重要路径选择。

2. 加快推进智慧城市建设有利于柳州经济升级、城市转型

加快推进智慧城市建设，可以借助先进技术、智慧管理，从而更充分

地利用现有资源，有效化解新模式下柳州经济社会发展中的矛盾，大力提升经济和产业能级，构建现代产业体系，促进经济发展方式转变，形成有柳州特色的新型工业化、新型城镇化道路，在更高层次、更高水平上推进科学发展、和谐发展、跨越发展。

3. 加快推进智慧城市建设有利于加强和创新柳州城市治理

通过打造智慧城市，将现代信息技术和智慧管理理念相互融合，并广泛运用到城市治理的各个方面，充分发挥信息、知识、创新在社会各领域中的影响和辐射作用，突出服务社会、服务民生，缩小数字鸿沟，让市民切身享受智慧城市带来的好处、乐趣，能大大增强城市的向心力、凝聚力，推动构建和谐柳州。

4. 加快推进智慧城市建设有利于柳州早日全面建成小康社会

在“十三五”乃至更长时期，柳州担负着在全区率先全面建成小康社会、打造产业集聚、要素集聚、人口集聚的西江经济带龙头城市的历史重任，为此必须走跨越发展的道路。以智慧城市建设为重要推动力，实现城市管理更高效、经济发展更高端、人民生活更幸福、城市环境更优美，必将推动柳州城市综合实力的大提升和人民生活水平的大提高，从而实现新时期柳州发展的战略目标。

（二）柳州智慧城市建设的进程及成就

2013年8月，柳州市（含鱼峰区）被列入国家住房和城乡建设部公布的国家智慧城市试点名单①，“智慧柳州”建设翻开了崭新的一页。柳州智慧城市建设扎实推进，初见成效：基础设施建设不断完善，技术支撑水平不断提升，智慧应用的广度和深度不断拓展，产业智慧化转型的速度不断加快，智慧城市建设对经济社会发展的积极影响日益凸显。

1. 建成广西首个“光网城市”，扎实推进“无线城市”建设

推进城市光网建设，对于进一步提升柳州市信息化基础设施的服务能级、促进产业结构调整、降低能耗、加快统筹城乡一体化发展具有重要的现实意义。柳州市政府与中国电信柳州分公司通力合作，于 2011 年 11 月签署了《“智慧城市·光网柳州”建设暨“十二五”信息化战略合作框架协议》，将“光网柳州”建设正式提上日程。中国电信柳州分公司投入 15 亿元，大力推动“光网柳州”建设。

2014 年末，柳州市城市家庭 20Mbps 及以上宽带接入能力达 71.7%，农村家庭 4Mbps 及以上宽带接入能力达 91%，固定宽带家庭普及率达 58.9%，3G/LTE 移动电话人口普及率达 49.9%，4Mbps 及以上宽带用户渗透率达 88.4%，8Mbps 及以上宽带用户渗透率达 44.3%，上述指标均超过了创建“宽带中国”示范城市宽带基础指标，达到国内先进水平。2015 年末，柳州电信宽带用户平均上网速率达 20Mbps，实现了《“宽带中国”战略及实施方案》2015 年发展目标，成为广西首个“光网城市”。全市市区、县城、乡镇区域光网覆盖率已达 98% 以上，行政村光网覆盖率达 70% 以上，新建和改造的光网区域宽带接入能力均达 100Mbps 以上②。

无线网络是智慧城市重要的基础设施，对经济社会创新发展的支撑和促进作用日益突出。柳州市按照“政府主导、搭建平台、整合资源、服务

---

① 柳州也是广西首批 4 个获得此资格的城市之一，另外 3 个城市是南宁、桂林和贵港。

② 张晓军．“光网柳州”助推“智慧城市”［N］．柳州日报，2015-11-11.

社会”的思路全面推进公共场所免费 Wi－Fi 网络等无线网络建设，进一步扩大了无线网络覆盖范围，提升了网络质量。2015 年 4 月至 11 月，由市工信委、发展改革委、财政局和中国电信柳州分公司等单位牵头，柳州市分三期在市内公园、广场、机场、车站、政务服务大厅、医院、宾馆（饭店）、重点商圈等部分公共场所开通免费 Wi－Fi（@ i－柳州）服务热点 2500 个，单个热点确保能够满足不低于 20 个用户同时在线，单个热点最高可提供 20Mbps 的带宽和速率。柳州市在广西率先建成和开通政府免费 Wi－Fi，预计到 2016 年，免费 Wi－Fi 接入点将达到 4000 个。

2. 电子政务发展取得阶段性成效

自 2013 年以来，柳州大力推进电子政务公共服务平台体系建设，围绕建设“一中心”（网上市民中心）、“一厅”（网上办事大厅）、“一卡”（市民卡）、“一站”（政府门户网优化升级）、“一试点”（基层社区综合管理平台试点），为市民提供高效、优质的电子政务服务。

柳州网上市民中心让市民足不出户就可办理相关事务。通过这个平台即可访问各类公共服务应用，如查询住房公积金、养老金、水电费及相关应用，也可在网上办理部分业务。柳州“城市一卡通”的市民卡工程则于 2014 年起开始推进，重点应用于政府公共服务、公用事业服务、商业支付和服务、金融服务应用等主要领域。第一，在政府公共服务方面，实现在卫生、文化（图书馆）、民政、公积金、计生、教育、旅游等领域的电子身份识别、办事凭证、信息查询；实现在公安、工商、税务、住建、城管等开通网上办事及网上服务等领域的信息查询、身份识别。第二，在公共事业服务方面，实现在公交、BRT、出租车、自行车、水上巴士、停车、加油、水、电、气、有线电视等领域的缴费。第三，在商业服务方面，实现在商场、超市、酒店、宾馆、便利店、农贸市场等领域的支付。2015

年，柳州市民卡数据采集量将近130万张。2016年，集市民卡钱包、运用监测、通信辅助、智能手环于一体的时尚产品——柳州市民卡CC手环在全市推广使用。目前，全市可受理柳州市民卡电子钱包支付的特约商户已拓展至2500家。市民卡服务网点也从政务服务中心延伸到了基层社区。

2015年，柳州市电子政务云服务平台已正式上线运行。到2015年6月，柳州市电子政务“网上审批系统”已开放了118个审批事项，其他事项逐步开放。2015年，由柳州市政府参与合作共建的柳州智慧城市时空信息云平台建设项目获得国家测绘地理信息局批复列入2015年试点计划。该项目完善柳州市地理信息空间框架，建立柳州市时空信息云平台，进一步满足柳州城市运行、管理、服务对地理信息的智能化需求，为智慧城市建设提供及时、有效的地理信息服务①。

由于电子政务应用成效显著，柳州市荣获2015年全国“互联网+公共服务”领先城市称号，被誉为“中小城市电子政务建设的典范”②，“柳州市民卡工程建设及运营工程”项目也荣获2015年广西信息消费创新应用示范项目。

3. 智慧产业与传统产业融合水平进一步提高

（1）电商柳州稳步实施。全市已打造了柳州电子商务产业示范园、嘉航电子商务产业园、城中区电子商务产业园、柳东新区汽配电子商务基地等一批电商集聚区，并借助大平台电商的力量，建成运营阿里巴巴柳州产业带、淘宝柳州特色馆，全市大批企业触“电”上网。“十二五”末期，全市电子商务交易额达到444.9亿元。

位于新时代商业港的柳州嘉航电子商务产业园于2015年8月开园，目

① 唐广生，何燕君．柳州时空信息云平台项目列入国家试点［N］．广西日报，2015－07－16.

② 董明，韦龙勇．我市获评“互联网+公共服务”领先城市　中小城市电子政务建设的典范［N］．柳州日报，2016－08－12.

前已吸引了包括柳州市重点打造的柳州“新名片”——柳州螺蛳粉、广西特色农产品、土特产等60多家电子商务企业入驻园区；还吸引了一批品牌童装、休闲食品等500多家企业进驻阿里巴巴柳州产业带。柳北区积极发展电子商务产业，并呈现出“一平台、一园区、多样式”的良好格局：“一平台”，即以广西糖网为代表的国内知名大宗商品电子商务平台，开启了“电子商务+现代物流配送”的食糖流通新模式；“一园区”，即以桂中海迅全资子公司——富仕云商为代表的柳州电商产业示范园，截止到2016年5月，该园共集聚电商企业130家，预计到2016年底线上店铺约200家，桂中海迅公司迅速转型成为全产业链电商公共服务平台；“多样式”，即以大商场电商、专业市场电商、行业电商、农副产品电商等为代表的多样式电商正逐步兴起，大润发、步步高、红卫钢材市场、鹧鸪江钢铁深加工物流产业园、海川家居市场、花卉苗木交易市场等主体纷纷搭建电商平台①。城中区电子商务产业园挂牌一年多，成为柳州“大众创业、万众创新”的重要孵化助推器。柳州特色美食螺蛳粉通过电商渠道打开销路，年销售额超过5亿元，螺蛳粉也成长为广西最热电商产品和广西最具影响力十大特产之一。

（2）“两化融合”扎实推进。制造业是柳州市的传统优势产业，面对激烈的国内和国际市场竞争，产业转型升级、结构调整和创新驱动的融合迫在眉睫。面对这一重大挑战，柳州市不断加快推动工业化和信息化深度融合，积极发展中小企业信息化云服务平台等一批产业平台，以平台为载体，整合产业链或相关业务资源，组成新的产业生态系统，形成核心竞争力，实现产业增值。“十二五”末期，全市大型企业自动化应用率达87%，规模以上企业管理信息化率达60%，“两化融合”总体水平稳居全区第一。

① 董明，罗扬振、覃祖敏．柳北区电子商务产业集聚发展迎来新格局［N］．柳州日报，2016-06-11.

在工业和信息化部公布的2016年“两化融合”管理体系贯标试点企业名单中，柳钢集团、欧维姆机械、日高控股、双英汽配、五菱汽车、五菱物流6家企业成功入选①。自2014年工业和信息化部启动该项试点工作以来，柳州市共有10家企业入选（另外还有柳工股份、广西糖网、东风柳汽、五菱柳机4家企业），占广西试点企业总量的1/3。柳州市两化融合促进中心率先搭建了广西首个市级“两化融合”公共服务平台和专家服务体系，为企业提供两化融合领域的前沿知识、发展规划等相关服务②。2015年12月，柳州市有2人入选2015年全国百佳首席信息官（CIO），并在广西率先成立了首席信息官俱乐部。

柳钢MES项目提升了柳钢产、销、运效率，降低了成本。东风柳汽对产品生产过程实施数字化控制，并将互联网与汽车制造相结合，创建了国内首款第三代车联网服务平台——“乘龙V+”车联网服务系统，具有“智能车载终端+智能管理平台+智能运营中心”的功能。柳工股份积极应对行业发展困境，规划并建设“柳工智能管家云服务平台”，利用物联网、云计算、大数据分析、移动应用等新一代信息技术，实现产品全生命周期的过程管理，并为客户提供增值服务。

智能装备产业发展逐步推开。柳州市现有柳工、高华、振业等8家工业机器人企业和1家工业机器人推广应用中心。全市共有3030台工业机器人应用于汽车、机械产业，在制造业及汽车产业的分布密度（86.6台/万人、252.5台/万人）均高于全国水平。所应用的机器人类型包括焊接机器人、涂装机器人、搬运机器人等③。

2016年5月，阳和工业新区中小企业云服务平台已上线试运行。该平

① 覃丽娜，罗熔军．柳州6企业入选国家“两化”融合试点［N］．南国今报，2016-06-07.

② 梁莎莎，罗志高．市两化融合促进中心工作出色　获国家工信部推荐［N］．柳州日报，2016-03-17.

③ 覃丽娜，谭金红．3030台机器人助力柳州工业［N］．南国今报，2016-07-21.

台由软通动力建设运营，基于云计算、互联网、移动互联网、物联网等先进技术，以服务中小企业为核心，聚集地方资源及信息数据，整合第三方资源，提供 IT 基础环境、企业业务应用和运营服务，为园区中小企业提供经营管理、营销服务、金融服务、大数据服务等多样化应用服务①。

（3）新兴服务业快速成长。柳州市以服务业千亿元产业崛起工程为主要抓手，着力推动企业融入“互联网 +”大军，努力突破过往全市以传统行业为重点的服务业内部结构，积极发展智慧型新兴服务业、知识密集型服务业。2016 年 1 ~ 4 月，柳州市信息传输、软件和信息技术服务业、商务服务业、科学研究和技术服务业逆势而起，营业收入同比增速均保持较好势头②。2016 年上半年，柳州市互联网和相关服务业从业人员同比增长幅度较大，其中，软件和信息技术、科技推广和应用、商务服务等服务业从业人员同比分别增长 97.1%、78.6%、63.2%③。

4. 智慧民生应用体系建设进一步拓展

（1）数字城管助力城管智慧化。柳州市实施数字化城市管理，2015 年共受理城市管理案件 30.9 万件。柳州市发挥“12319 热线”“柳州是我家”微信公众平台、柳州市数字化管理公共信息网等渠道，及时解决路不平、灯不亮、街不净等关乎群众切身利益的热点、难点问题。同时，柳州市专门研发了“处置通”“管理通” App 移动办公，实现城市管理问题在线办理、查询、地图定位、通信呼叫交流等功能，确保采集、立案、派遣、监督、处置和管理各环节信息畅通，提高了处置效率和管理效能。

（2）智慧社区初建平台。围绕建设社区综合服务中心示范点，截止到

① 兰天，谭兆庭、樊旺益．信息化工业化齐头并进［N］．柳州日报，2016 - 05 - 05.

② 段超，粟桂利．服务业企业逆势冲刺双过半［N］．柳州日报，2016 - 06 - 16.

③ 刘山．柳州上半年 GDP 同比增长 7.1%　第三产业成为经济发展“加速器”［N］．南国今报，2016 - 08 - 04.

2015年11月，柳州市超额完成了智慧社区管理服务平台的开发工作，并在12个示范社区安装测试、上线试运行①。该系统是以人为核心的智能管理服务系统，涵盖了社区党建、社区动态、道德讲堂、党风廉政、网格服务、政务服务、便民服务、社区公益、网上办事等10个系统模块，广大居民群众能够在社区里享受到互联网技术带来的信息便民、惠民、利民服务。部分社区还通过智慧化手段来促进就业②。

（3）智慧医疗显现成效。全市市属三级医院和部分二级医院、县级及基层医疗机构信息化建设达到了较好的水平。2016年3月，柳州智慧社保“诊疗一卡通”自助平台在柳州市人民医院正式启动上线。该自助平台将社保卡、就诊卡、金融卡功能“三卡合一”，通过医院设置的一体机和市民的手机等自助终端实现服务，缓解了群众反映的挂号、缴费、结算等排队难题③。市妇幼保健院建设的区域妇幼保健信息系统与市人口监测平台建立了实时数据接口，实现了跨平台的信息共享。

市级新型农村合作医疗系统实现了新农合参合管理、就医结算补偿、业务在线审核、统计查询等多种业务处理功能，并率先在全国实现了村卫生室移动医疗、公卫服务等业务功能。2016年，柳州市投入2000万元建设市级人口健康信息平台，整合全员人口信息、居民电子健康档案、电子病历，实现全市“一卡通”。目前，该全民健康“一卡通”（一期）采购项目已完成两大建设内容并通过了验收：一是社区卫生服务中心信息化（基层医疗卫生信息系统、公共卫生管理信息系统）建设；二是全市区域卫生信息平台建设，到2015年底，该平台共采集慢病电子处方122.4万

① 包含柳北区宏力社区、协和社区、白沙社区、凤凰社区、欧山社区、柳星社区，城中区东台社区、阳光100社区、山水社区、柳侯社区，鱼峰区狮山社区、龙擎苑社区。

② 谢永辉，林玉．三季度柳州人力资源市场供需均有上升可通过“智慧社区”就近求职［N］．南国今报，2016－10－11.

③ 练冰．我市智慧社保“诊疗一卡通”自助平台启动［N］．柳州日报，2016－03－27.

份，慢病处方用药 400.3 万份，为通过双向转诊系统实现小病和康复在社区打下良好基础①。

与此同时，智慧交通、智慧应急、智慧教育、平安柳州等重点智慧民生应用项目不断得到推进，智慧化的新体验，已逐渐成为柳州市民生活中不可缺少的一部分。

5. 智慧城市发展环境进一步优化

近年来，在推进智慧城市建设过程中，柳州市重视发展环境优化，不断完善政策法规，先后制定出台了《柳州市智慧城市发展规划纲要》《“创新驱动　转型升级　工业再上新台阶”三年计划》《千亿元服务业发展规划》《柳州市 2013—2015 年电子政务公共服务体系建设发展计划》《柳州市市民卡工程实施方案》《关于加快电子商务产业发展的意见》《关于加快电子商务产业发展的实施方案》《柳州市人民政府关于推广运用政府和社会资本合作模式的实施意见》等，有利于信息消费、经济社会智慧化发展的政策环境不断完善。通过政府引导，鼓励和带动社会主体积极参与“智慧柳州”建设，尝试创新投融资模式。中国电信柳州分公司与市政府、广西移动柳州分公司与鱼峰区政府分别达成智慧城市战略合作，取得显著合作成效。智慧城市持续稳步发展的良好氛围初步形成。

2016 年颁布的《柳州市国民经济和社会发展第十三个五年规划纲要》第十八章“加快智慧城市建设”，描绘了未来五年柳州智慧城市建设的发展蓝图，并对今后一段时期柳州智慧城市建设进行了总体部署②，“智慧柳州”建设将在此指引下走上更为宽广的道路。

---

① 曾繁华，莫克．全民健康“一卡通”（一期）采购项目两大建设内容通过验收［N］．柳州日报，2016－06－22.

② 柳州市国民经济和社会发展第十三个五年规划纲要［S］．2016.

（三）柳州智慧城市建设存在的突出问题及原因分析

当前，柳州智慧城市建设取得了初步成效。但也遇到了一些突出的问题，例如：智慧城市总体发展水平尚未达到先进行列；智慧城市“硬技术”和“软环境”发展不够协调；智慧应用的深度和广度还存在不足，前瞻性好、针对性强、可操作性高、具有柳州特色的建设项目还比较少，智慧应用与柳州自身的客观实际和关键需求的契合度有待进一步提升，尤其是智慧产业发展水平与区内外兄弟城市相比仍存在较大差距，对传统制造业的渗透还不深，知识密集型服务业发展更存在“短腿”状况；信息资源开发、整合、共享程度还不高。

1. 突出问题

（1）智慧城市的发展水平不高，在全国处于中游水平。柳州虽然在2013年获批成为了国家智慧城市建设试点，也属广西首批试点城市之一，但相较于东部发达城市及部分西部先进城市，柳州智慧城市发展还存在程度不等的差距，处于起步探索阶段，在全国处于中游水平，其典型表现为在国内主要的智慧城市评奖、推介、发布活动中还鲜见柳州“身影”。“智慧柳州”的外在形象仍有较大提升空间。

（2）“硬技术”与“软环境”发展不均衡。柳州在智慧城市建设进程中投入了大量资源来建设和完善硬件建设，重点提高智慧化的“硬技术”水平，成为广西首个“光网城市”。但在“智慧化”的“软环境”建设方面，如智慧市民的培育、智慧化商业模式创新与可持续发展、人文社会环境的塑造等方面，还不够重视，措施也还不够得力，造成“硬件”与“软件”发展不协调的矛盾和问题。

（3）智慧应用的广度和深度不够，缺少带动性强的项目。目前，柳州智慧城市应用体系还有待进一步提升、完善。除了市民卡等部分有特色的智慧民生项目外，还缺少具有示范效应的龙头项目，智慧技术的领先性、智慧服务的广泛性还没有很好地得到体现。尤其是在智慧产业发展等方面还存在较大差距。2014 年，柳州市计算机、通信和其他电子设备制造业产值为 5.8621 亿元，仅占全市工业总产值的 0.136%。而从全国和全区层面上来看，无论是电子信息产品制造业、智能制造业，还是以软件和信息服务业为典型代表的知识密集型服务业，柳州都缺乏有较大影响的龙头企业、拳头产品及核心技术。以工业机器人产业为例，当前柳州生产的工业机器人精度低，种类单一，主要生产坐标性焊接机器人，应用于汽车行业，工艺是点焊，行走轨迹简单，设计难度较低；同时，在核心零部件的研发制造能力方面还是空白，三大核心部件（减速器、伺服电机、控制系统）全部依靠外购①。又如，柳州已形成了较完整的汽车零部件配套产业链，但在部分核心零部件尤其是汽车电子类零部件上仍有较大的发展空间②。这些问题都影响了柳州产业转型升级的进程，不利于“实业兴市、开放强柳”战略的实施。

（4）信息资源开发和整合力度不够，共享程度较低。近年来，柳州公共信息资源的开发与利用虽然已得到显著加强，但用于信息资源开发的投入还是相对较少，投融资渠道单一，仍以政府投入为主，尚未形成对信息资源系统开发与利用的格局。同时信息产业资源、要素流动不足，集聚效

① 覃丽娜，谭金红 . 3030 台机器人助力柳州工业［N］. 南国今报，2016－07－21.

② 闫友明 . 我市举行汽车电子产业专题招商推介会　开创汽车工业发展新篇章［N］. 柳州日报，2016－09－11.

应和规模效益弱，信息资源整合难度大，未能实现资源的充分共享，信息资源市场专业化、产业化水平不高。特别是公共数据库、数据交换与共享平台、信息资源交换目录体系等发展还处于初期，尚不健全。这些问题都影响着智慧城市建设的基础，阻碍“智慧柳州”构建进程。

2. 原因分析

（1）促进城市智慧化转型发展的观念和意识还有待增强。建设智慧城市是一项关系着柳州经济发展和社会进步的战略任务。由于对智慧城市理论和最新实践的认识还不够深入，导致一些单位和市民对智慧城市建设的重要性和必要性认识不足，简单将智慧化等同于过往的数字化、信息化等概念，导致出现了偏重“硬件”投入、相对忽视应用和“软件”投入等问题，特别是还没有真正充分发挥知识生产和传播、信息捕捉和分析在构建智慧城市中的作用。宣传力度不够，也在一定程度上妨碍了智慧城市建设的进程。此外，部分传统产业面对“互联网 +”的冲击，没有适应消费者作为主导的商业格局的转变而形成新的思路。

（2）推进智慧城市建设工作的体制机制还有待健全。柳州市先后组建和成立了智慧城市建设的相关领导和工作机构，但其职能作用的发挥还不够充分，还没有出台系统的促进智慧城市建设的政策体系，并且或多或少存在着一些多头管理、分工不尽细致、标准不尽规范等问题。同时，由于思想还不够解放，智慧城市建设的投融资来源还比较单一，社会资本参与程度还不是很高，距离“政府投入为导向、企业投入为主体、社会投入为重要渠道”的多元化投融资体系还存在差距。

（3）培养和储备智慧市民的工作力度还有待加大。政府、社会及驻柳各高校对信息化、智能化、“互联网 +”、大数据分析等专业人才培养和引进力度不足，观念更新不足，学科专业调整、优化的步伐较慢，智慧城市建设专业人才总量规模还很小，结构不合理，人才体系也不是十分健全，尤其缺乏具有较强业务拓展能力和综合协调能力的智慧城市建设综合管理人才和行业领域领军人才。同时，对市民参与智慧城市建设的动员、组织程度还不高，更缺乏比较系统的智慧应用培训计划或项目。上述原因都在一定程度上影响了营造有利于汇聚知识创新资源的环境，也影响了城市治理方式的转型。

三、国内外智慧城市建设的实践和经验启示

（一）国内外智慧城市建设实践

1. 智慧城市建设的国际经验

2008 年以后，IBM 在“智慧地球”概念的基础上提出了“智慧城市”的概念，并在全球范围大力推广。许多国家、地区和城市陆续制定了建设“智慧国家”“智慧城市”的发展战略或行动纲要，它们结合自身的特点和优势，提出了智慧城市的发展道路及实践策略，智慧城市由此成为全球城市转型发展的前沿热点。

（1）美国：综合智能提升城市品质。IBM 公司首先给美国政府提出“智慧地球”方案，推进智慧型信息基础设施的建设。2009 年，美国迪克比市与 IBM 合作，建设了美国第一个智慧城市。它利用物联网技术，在一

个有六万居民的小区里将城市公用资源（水、电、油、气、交通、公共服务等）连接起来并实现数字化，监测、分析和整合各种数据以做出智能化的响应，以更好地服务市民。该项目通过使用传感器、软件和互联网让政府和市民能够测量、检测和调整他们使用水、电和交通的方式，以期打造更加节能、智能化的城市①。

此外，智能电网项目也成为美国应对金融危机的绿色经济振兴计划的突破点。在这一计划中，博尔德市是最早开启智能电网工程的城市，该项目针对现有测量设施进行改造，并通过配电网络提供高效、便捷的智能服务，将现有的城市电网改造成一座全集成的智能电网城市。

美国的智慧城市建设实践，并不是侧重于某一领域的智慧试点应用，而是针对智慧城市的各个领域，属于综合推动发展。在基础设施建设方面，美国计划到 2020 年让 1 亿户美国家庭宽带互联网传输速度提高 25 倍，达每秒 100 兆。在核心技术开发和智慧应用方面，IBM 等主流公司发挥核心技术优势，为一些城市设计和推出了多项智慧解决方案②。美国作为全球最发达的国家，其智慧城市的建设进度相对较快，实施效果也相对较好。

（2）欧盟：可持续的智能提升。在 2007 年，欧盟就提出了建立智慧城市的设想。针对欧盟城市数量多、分布广、人口居住分散等关键特征以及能源消耗、交通拥堵、垃圾处理、就业难等城市突出问题，欧盟智慧城市建设注重可持续发展理念，侧重于智慧经济和生态环境的建设，旨在通过信息通信技术解决城市生态环境、交通、医疗、智能建筑等民生领域的问题，改善城市的资源配置方式，并且开辟渠道，利用社会投资开发和创

① 杨正洪．智慧城市：大数据、物联网和云计算之应用［M］．北京：清华大学出版社，2014.

② 我国智慧城市建设若干关键问题研究课题组．走向智慧城市：我国智慧城市建设若干关键问题研究［M］．北京：科学出版社，2014.

新各种新型的智能化服务，创造更多的就业岗位，最终实现城市的价值，提升在全球化时代的竞争力。在已经颁布的《欧洲2020战略》和《资源效率欧洲》等计划中，绿色低碳智慧城市都处于至关重要的位置。近年颁布的《欧洲数字化议程》又将智慧城市和应对国际金融海啸恢复经济活力连接在一起，提出强化宽带连接、全面开放数据、培育新兴公司、开发下一代网络以及第五代移动通信（5G）技术、推动经济社会创新等智慧城市建设的重大议题①。目前，欧盟已经发布了智慧城市计划，25座欧洲领先城市将会大量采用新的绿色能源技术，还将试验发展智慧电网、智慧交通及智慧医疗系统等。总体来看，欧盟的智慧城市建设实践，比较侧重于某一领域的智慧应用，强调通过物联网、云计算等关键技术的创新应用牵引智慧产业和智慧应用服务，从而推动智慧城市建设。

①巴塞罗那。智慧发展超前一步。巴塞罗那是世界上最先进的智慧城市之一，长期发展的愿景是建立一个零排放、高速度、富有创造性和人文化的城市。2011年，该市市长将智慧城市发展作为其任期内的重要战略。该市目标建成一个500千米范围的光纤网络，使该市光纤到户的覆盖率达到90%，网速达到1Gbps；向市民提供免费的Wi－Fi服务，部署了443个接入点；在提供城市级ICT服务中充分利用了云计算等新技术。目前，巴塞罗那已经开始提供超过25项智慧城市服务，重点放在可持续发展领域，如能源和利用、智慧照明、智能建筑、水、垃圾处理、环境等；其他服务则包括物流、社区发展、公共服务、公开数据、卫生和教育②。

②斯德哥尔摩：智慧改变交通。瑞典智慧城市建设的最大特点是交通系统的改进，其首都斯德哥尔摩的智慧城市建设重点就放在智慧交通上，通过改善交通系统、完善交通服务等措施来减少交通拥堵和环境污染，给

①② 中国信息通信研究院，中国欧盟政策对话支持项目．中欧智慧城市比较研究报告（2014年）［M］．北京：商务印书馆，2015.

市民的出行带来便利。在 IBM 的帮助下，斯德哥尔摩在城市主干道上设置了 18 个路边控制站，通过使用 RFID 技术以及利用激光、照相机和先进的自由车流路边系统，对进入市中心的车辆进行自动识别，自动向在工作日上午六点半到下午六点半进出市中心的注册车辆收税。此外，IBM 还为该市开发了一套先进的数字化收费系统，包含摄像头、传感器和中央服务器，该系统可以定位车辆并根据其出行时间进行收费。智慧交通使该市交通拥堵状况大幅缓解，道路交通废弃排放量显著减少①。

（3）韩国：无处不在的智慧。2004 年，韩国提出 U - Korea 战略，以无线传感器网络为基础，把韩国的所有资源数字化、网络化、可视化、智能化，以此促进国家经济发展和社会变革。U - City（智慧城市）计划正是 U - Korea 战略在韩国城市的具体实施。2007 年，首尔、釜山、仁川等 6 个城市成为 U - City 示范区。U - City 将信息技术应用到所有城市单元中，构建亲民政府、智慧科技园区、再生经济、安全社会环境、优化客制服务，使市民可以不受任何时间、地点的限制从多种终端访问和应用城市设施。

在发展智慧城市中，首尔着力推动信息技术升级，即十分重视高速光纤宽带和无线网络设施的建设，使市政府能够处理各种智能设备传来的海量数据，增加智能设备普及率，并通过提供智能 ICT 设备培训课程让新用户学会使用②。更重要的是，首尔更加努力地提供民生福利、文化、环境、交通、产业、行政及都市管理（政务）方面的各种智慧应用服务。例如，利用无线传感器网络掌握道路、停车场、地下管网等设施的运行状态；利用红外摄像机和无线传感器网络，提高火灾检测自动化水平；U 环境系统自动将是否适宜户外运动等气象和交通信息发送到市民的移动终端；U 交

①② 朱桂龙，樊霞．智慧城市建设理论与实践［M］．北京：科学出版社，2015.

通系统可实现对公交信息和公共停车信息的管理等①。可见，首尔智慧城市建设也注重综合发展的路径。

2. 智慧城市建设的国内实践

智慧城市是人类城市发展史上的一个里程碑，是中国城市发展的新目标，更是解决当前城市发展问题的新路径。自 2011 年以来，我国对智慧城市的认识不断深入，使智慧城市的发展理念更丰富、目标更清晰，并且逐渐得到社会的广泛认可，智慧城市建设已逐步在全国范围展开。

2013 年 12 月 12～13 日，我国召开了首次中央城镇化工作会议，习近平总书记、李克强总理发表了重要讲话。会议明确指出，城镇化是现代化的必由之路，是一个自然历史过程和长期过程，阐明了中国城镇化发展的指导思想、主要目标、基本原则和重点任务。根据这次会议精神，2014 年 3 月，中共中央、国务院印发了《国家新型城镇化规划（2014—2020 年）》。规划明确提出“推进智慧城市建设”，并首次明确了智慧城市的综合发展方向和建设重点。规划的主要任务是：第一，统筹城市发展的物质资源、信息资源和智力资源利用，推动物联网、云计算、大数据分析等新一代信息技术创新应用，实现与城市经济社会发展的深度融合；第二，强化信息网络、数据中心等信息基础设施建设；第三，促进跨部门、跨行业、跨地区的政务信息共享和业务协同，强化公共资源社会化开发利用，推广智慧化信息应用和新型信息服务，促进城市规划管理信息化、基础设施智能化、公共服务便捷化、产业发展现代化、社会治理精细化；第四，增强城市要害信息系统和关键信息资源的安全保障能力。2016 年 5 月，中共中央、国务院印发《国家创新驱动发展战略纲要》，明确提出“发展智

① 我国智慧城市建设若干关键问题研究课题组．走向智慧城市：我国智慧城市建设若干关键问题研究［M］．北京：科学出版社，2014.

慧城市和数字社会技术，推动以人为本的新型城镇化”，并列入十大产业技术体系。国务院及其组成部门也陆续出台了智慧城市建设的相关规划、工作意见和管理办法（见表1-1）。

表1-1　自2011年以来我国出台的智慧城市建设规划、公共政策和文件

颁布部门	规划、政策和文件名称
中共中央、国务院	《国家新型城镇化规划（2014—2020年）》《国家创新驱动发展战略纲要》
国务院	《关于大力推进信息化发展和切实保障信息安全的若干意见》《关于促进信息消费扩大内需的若干意见》《“宽带中国”战略及实施方案》
工业和信息化部	《信息化发展“十二五”规划》《信息安全产业“十二五”发展规划》《物联网“十二五”发展规划》《电子商务“十二五”发展规划》《电子政务“十二五”规划》《信息化和工业化深度融合专项行动（2013—2018年）》
国家发展和改革委员会	《关于促进智慧城市健康发展的指导意见》（联合八部委制定）
住房和城乡建设部	《关于开展国家智慧城市试点工作的通知》《国家智慧城市试点暂行管理办法》《国家智慧城市（区、镇）试点指标体系（试行）》

资料来源：课题组整理。

2013年1月，国家住房和城乡建设部公布了首批国家智慧城市试点名单，至今已确定了三批共277个试点城市，而在建的智慧城市超过500个[①]。总体来看，长三角、珠三角和环渤海等发达经济圈的智慧城市建设走在了国内前列。

（1）宁波。2010年5月，宁波市成功抓住了举办上海世博会“信息化与城市发展”主题论坛的契机，在国内率先提出了智慧城市建设的设想。

① 解树江，叶中华．中国智慧城市发展报告（2015）［M］．北京：中国金融出版社，2016.

2010年9月，宁波市出台了《中共宁波市委、宁波市人民政府关于建设智慧城市的决定》《宁波市加快创建智慧城市行动纲要（2011—2015）》，成为国内第一个在政府层面全面推动下实施智慧城市建设的城市。一是适度超前推进智慧城市基础设施建设。构建泛在、融合和安全的信息网络，加快推进“三网”融合，加强信息安全基础建设。二是加强智慧城市信息资源的开发和利用。以政务云计算中心为突破口，大力推进基础平台和数据库建设，建立健全信息资源开发和共享交换机制，加快培育信息资源市场。三是建设十大智慧应用体系，即智慧物流、智慧制造、智慧贸易、智慧能源应用、智慧公共服务、智慧社会管理、智慧交通、智慧健康保障、智慧安居服务、智慧文化服务，促进城市商业与公共服务模式创新。四是建设六大智慧产业基地，即网络数据基地、软件研发推广产业基地、智慧装备和产品研发与制造基地、智慧服务业示范推广基地、智慧农业示范推广基地、智慧企业总部基地，这些产业基地立足本地产业基础，推动智慧产业空间集聚，注重培育发展以电子商务为代表的信息服务业、助推产业转型升级的工业化、信息化融合和面向重点行业的新型工业云服务平台①。概括起来，宁波围绕智慧城市的内涵全面推动各领域建设。尤其是结合本市装备制造业、港口物流业发达的典型产业特征，宁波智慧城市建设坚持立足产业、发展应用的原则，把培育智慧产业及其集聚基地作为智慧城市建设的立足点和重要建设内容，以促进经济发展方式转变和产业转型升级，十分值得思考和借鉴。

（2）北京。以主办2008年奥运会为转折点，北京的智慧城市建设在数字北京的基础上逐步向更广阔、更高级别的领域迈进。北京信息基础设施比较完备，基于这一特点，北京市政府在2012年4月发布的《智慧北京

① 我国智慧城市建设若干关键问题研究课题组．走向智慧城市：我国智慧城市建设若干关键问题研究［M］．北京：科学出版社，2014.

行动纲要（2011—2015）》中提出，主要解决两大类问题：一是解决特大型城市发展难题，主要缓解人口、资源、交通、环境等方面的压力；二是解决经济发展方式转变的问题，着力发展高端产业，催生新的业态。因此，北京将城市智能运行、市民数字生活、企业网络运营、政府整合服务、信息基础设施、智慧共用平台、应用与产业对接、发展环境创新等领域列为智慧城市建设重点领域，形成智慧城市建设与经济发展、治理改善、民生改善同步均衡发展的良好局面①。

（3）上海。上海的信息化发展起步于1996年，当时提出建设“上海信息港”。2011年，上海发布《“十二五”规划纲要》和《上海市推进智慧城市建设2011—2013年行动计划》，正式提出“创建面向未来的智慧城市”的发展目标，依托以具有国际水平的信息基础设施为先导，重点突出推进智慧应用与智慧产业发展。在信息基础设施建设方面，上海加快了宽带城市和无线城市的建设步伐。目前，光纤宽带网已覆盖全市，下一代广播电视网也基本覆盖了全市；计划到2015年底，第四代移动通信覆盖全市，从而使上海能够率先进入4G网络时代。在智慧应用体系建设方面，通过智慧城管建设，先后启动了城市管理网格化、智能交通、应急联动、城市规划、土地、房屋管理等一系列重点应用项目，包括智能水网和智慧电网的发展；通过智慧交通建设，上海已经构建了一个综合交通的信息平台，实现了城市快速路网、中心城区的地面路网以及郊区的干线路网这三张路网的交通流和视频流的信息覆盖，开发出优良的智能终端“智行者App”；不断推进智慧教育、智慧健康、智慧社区、智慧旅游应用。在智慧产业发展方面，通过信息化与工业化的融合，助推产业综合升级，包括促进信息化发展、加快智能制造、工业互联网发展、数字园区和智慧园区建设。到2013年底，上海信息产业总规模已经达到了1.09万亿元，特别是

① 巫细波．广州智慧城市战略实践与展望［M］．广州：中山大学出版社，2015.

信息服务业在近年来始终保持25%以上的增长速度，信息服务业成为国内新一代信息技术创新引领区域和产业的集聚区。目前，上海已经编制了2014~2016年新一轮三年行动计划，更加突出智慧应用，同时强化网络安全保障①。

（4）无锡。无锡智慧城市建设路径具有自身特色，该市以物联网这一智慧城市建设的核心技术为突破口，通过大力培育和发展物联网产业来驱动智慧城市建设。无锡把物联网产业上升到了全市战略的高度，使其成为无锡市经济增长的内生动力。《无锡市传感网产业发展规划》提出，到2015年无锡物联网产值将达到2500亿元。该市物联网发展的重点领域包括：一是物联网核心产业，即各类传感器、新型传感网芯片设计、制造和封装、软件/中间件、系统集成、网络服务、内容服务、物联网技术应用等；二是物联网支撑产业，即微纳器件、集成电路、通信设备、微能源、新材料、计算机、软件等；三是物联网带动产业，即利用物联网大规模产业化和应用对先进制造业、现代服务业和传统产业带来的根本变革，着重推进带动效应大的现代装备制造业、现代服务业、消费电子、交通运输以及其他传统产业转型升级。目前，中科院、中国移动、中国联通、中国电信已先后在无锡设立物联网产业（技术）研究中心（院），中国物联网研究发展中心也在无锡挂牌成立。无锡物联网基地成为了工业和信息化部正式批准的全国首批“国家新型工业化产业示范基地”②。

（5）佛山。2010年，佛山颁布了《四化融合　智慧佛山发展规划纲要（2010—2015）》，提出了在推进信息化、工业化、城镇化、国际化融合过程中，要把智慧产业、智慧城市、智慧生活、智慧管理放在重要战略地位，以智慧应用推动四化融合。可见，佛山把智慧应用突出地摆在智慧城

① 王战，李耀新．智慧·融合·跨界［M］．上海：上海社会科学院出版社，2015.

② 我国智慧城市建设若干关键问题研究课题组．走向智慧城市：我国智慧城市建设若干关键问题研究［M］．北京：科学出版社，2014.

市建设的首要位置，以智慧应用为突破口带动智慧城市其他领域的发展，强调给予市民更加智能、便捷、舒适和多元的生活，实现公共事业智慧化、交通管理智慧化、公共安全智慧化、环境保护智慧化。主要举措有：一是数字化城市管理，利用集成的数字化、网络化技术，充分整合公安、应急、交警、卫生、交通、消防、三防、地震、环保、气象、国土等部门的应急救助资源，实现统一的应急救助联动指挥调度；二是构建高效在线公共服务，从资源整合和信息共享、“一站式”网上服务平台、业务管理三个维度搭建电子政府框架；三是建立统一的电子政务三大中心（电子政务网络数据中心、应急指挥中心、电子政务灾难备份中心）和共享数据库①。

（二）国内外智慧城市建设实践的经验启示

1. 推进智慧城市建设需要统一的顶层设计

智慧城市建设的最终目的是要建设成统一、协同、融合的智慧城市体系，与过去数字化、信息化城市建设时期只关注单个、局部的信息化项目相比，现在的智慧城市建设则更注重于系统规划、整体布局。因而，必须做好顶层设计，因地制宜，找准城市自身的“痛点”问题，不简单照搬已

① 巫细波．广州智慧城市战略实践与展望［M］．广州：中山大学出版社，2015.

有经验[①]。要把握城市智慧化这一核心要义，围绕人居环境、基础设施、公共服务、现代产业体系、城市管理五大重点领域，基于全局的视角设计、部署智慧城市系统框架和建设举措，对城市的各个组成要素、各个层面、各种参与力量、各类影响因素一并统筹考虑，特别要在加快智慧基础设施、建立现代产业体系、积极运用新技术新业态、努力创新投融资体制机制上下功夫。

2. 推进智慧城市建设要将服务民生作为根本出发点

智慧城市的主体是城市居民，不是技术，也不是物联网、云计算。要避免认识上的误区，不能认为技术、设备、硬件先进了就可以实现“智慧”。智慧城市建设必须真正落到实处，认真、积极从交通、教育、城管、安全、应急、办事等市民关切的问题入手，切实方便百姓的日常生活，提升市民的生活质量和生活品质，让智慧城市建设成为一项真正的民生工程。

3. 推进智慧城市建设必须优先注重城市市民知识化建设

智慧城市发展使科技与文化融合，并且还原知识本质形态，进而内生新的文化和科技。知识与知识资本从游离形态发展为主流形态。智慧城市的根本动力来源于高度知识化，其载体是智慧市民。因此，城市市民知识化建设是智慧城市建设的关键环节，它为激活和释放城市知识资本红利奠定基础。要以集聚在城市的普通高校、职业院校为主要源泉，重点鼓励和

① 根据一项对中欧30个合作智慧试点城市的评估分析，很多中国试点城市已经将公共管理项目作为其智慧服务组合的一部分，尤其体现在电子政务和智慧政务方面。与之相反，只有少数欧盟行政部门将公共管理作为智慧城市服务的一部分。这主要是因为大部分欧盟行政部门在很久以前就已经开始实施电子政务解决方案和服务，而且在市民和政府间利用电子通信手段已经颇具规模。其启示意义在于，智慧城市项目组成部分的活动（服务）范围存在较大差异，需要具体分析和应用。见中国信息通信研究院，中国欧盟政策对话支持项目．中欧智慧城市比较研究报告（2014年）［M］．北京：商务印书馆，2015.

扶持其科技、工程、经管类学科专业训练强化学生从事知识工作的技术和分析技能，源源不断地培养年轻知识型人才，同时注重引进高端知识型人才，加强对广大市民的培训，为城市管理、生产、生活的智慧化转型积累知识资本要素，进而提升城市的科技水平和研发能力。

4. 推进智慧城市建设要以智慧基础设施和智慧应用为关键领域

适度领先、持续完善的基础设施是智慧城市运行的基础保障，智慧应用则是智慧城市运行的服务保障。要以信息基础设施建设为先导，建设全面覆盖、安全保障的智慧感知传输网络、高速运算、信息交换及服务运营支撑架构的智慧化环境，加快现有城市基础设施智慧化改造；在此基础上再建设开放共享的公共服务支撑平台，整合信息服务能力，促进部门间信息互联、互通和共享，促进智慧城市一体化运营，从而通过各个智慧型应用有效地提升经济的发展质量、市民的生活质量。

5. 推进智慧城市建设离不开智慧产业的支撑

智慧城市建设离不开产业的支撑；与此同时，智慧城市建设释放的需求也将极大地促进智慧产业的发展。在智慧城市建设过程中，在不断发展提升电子信息制造业、软件产业、电子商务的同时，也要加快培育和发展物联网、智慧安全、云计算、大数据分析等新一代信息技术战略性新兴产业；要以“两化融合”为着力点，深入推进产业智慧化；要努力培育具有国际竞争力的骨干型重点龙头企业，积极建设特色产业基地和产业园区，努力形成具有较强竞争力的智慧产业集群，推动产业集聚发展；应鼓励产学研合作，构建产业联盟，加快产业链形成。

6. 推进智慧城市建设需要更为协同开放的城市治理体系

智慧城市的建设和运行，正在远离传统的封闭和“自上而下”的方法，转为更加“开放”的模式。公开和透明的管理体系及新型民主可以为发展创新和包容的智慧城市创造机会。国内外智慧城市建设的良好实践表明，以市民为重要主体、更具参与性的城市治理模式正在成为主流。例如，欧盟城市为了吸引、鼓励和允许市民更多地参与制定智慧城市规划，采取了公共部门、私营领域和民众合作等方法；首尔鼓励市民就城市政策献言，并通过政策建议在线提交系统（OASIS）与城市官员直接讨论这些建议。市民提出的想法通过 OASIS 系统并经由市民与政策制定者在线上、线下研讨后，有可能最终落实成为城市政策；我国城市党委、政府虽然仍主要通过建立智慧城市领导小组而采用传统的“自上而下”的治理模式，但上海浦东新区、天津滨海新区、南通市、宁波市已经开始鼓励市民通过试用智慧服务、培训、众包和游戏来参与智慧城市建设①。

7. 推进智慧城市建设必须创新发展思路

在推动智慧城市发展过程中，必须实现多方面的创新，特别是在技术创新、治理创新、政策体制创新、商业模式创新上有所作为。一方面，推动智慧创业园区建设，引进先进智慧技术及智慧行业人才，加大智慧型创业支持力度，加快推进关键智慧技术研发及产业化，建立以企业为主体、产学研用相结合的智慧技术创新体系，提升城市创新实力，是实现智慧城市建设跨越式突破的关键路径。另一方面，创新智慧城市建设的组织体制和投融资体系，形成政府与市场有机结合、协同推动、资源整合、包容共享的格局，是实现智慧城市建设跨越式突破的重要保障。

① 中国信息通信研究院，中国欧盟政策对话支持项目．中欧智慧城市比较研究报告（2014年）［M］．北京：商务印书馆，2015.

四、当前柳州智慧城市建设的总体思路

（一）指导思想

深入贯彻落实党中央、国务院推进新型城镇化建设战略部署，围绕“实业兴市、开放强柳”战略实施以及在全区率先全面建成小康社会、打造产业集聚、要素集聚、人口集聚的西江经济带龙头城市的历史使命，牢牢把握“十三五”重要战略机遇期，以“互联网+”和大数据引领推进国家智慧城市试点建设，突出信息、知识的智慧运用在城市现代化中的关键地位，以新一代信息通信网络、城市运行感知网络、智慧化管理服务系统为基础，以全面普及和深化应用为重点，以服务产业转型升级为突破，顶层设计，统筹规划，协调推进，努力探寻城市可持续发展新模式，打造数字化、网络化、智能化、知识化的“智慧柳州”，把柳州建设成为我国西部智慧示范城市以及在全国具有一定知名度的智慧城市。

（二）基本原则

1. 系统性原则

按照智慧城市建设的科学内涵和根本宗旨，通过顶层设计，精心构筑支撑要素、必备要素、保障要素齐全的“智慧柳州”系统框架。这一系统框架必须着眼于满足两大关键需求：第一，解决今后一段时期内柳州城市发展中的突出问题，满足城市发展、城市功能提升需求及城市政府、企业、市民等主体的最迫切需求，在经济、社会、民生、治理等领域全面推进智慧城市建设。第二，体现发挥柳州城市发展的特色优势，工业、产业、实业是柳州立市之本、强市之基、兴市之源，要以智慧城市建设为重要契机和抓手，积极推动柳州产业转型升级，再上新台阶。

2. 整体性原则

在规划和实施“智慧柳州”建设各层次、各领域的项目过程中，要注重统筹、衔接、融合、协调，形成一个有机的发展整体，确保建设任务的顺利完成。既要适度超前发展智慧基础设施，形成获取和传递信息、知识的源泉；也要彰显“以人为本”，让智慧城市建设的硕果惠及广大市民，并以更加智慧的市民来驱动智慧城市建设。

3. 协同性原则

充分组织、动员、整合各方力量参与“智慧柳州”建设，重点处理好政府与市场协同推进的关系，在智慧城市项目投融资、运营管理等领域不断探索政府补助、市场运作，政府主导、公私合营，政府引导、企业投资等多样化模式，保障智慧城市建设取得实效。

（三）奋斗目标

1. 第一阶段（2016～2018年）

经过三年努力，到2018年，柳州智慧城市发展水平在西部地区达到领先水平；基本实现电子政务、电子商务和智慧服务等领域较为广泛的智慧应用，打造一批重点示范工程和智慧产业基地，形成“智慧柳州”发展基本框架，逐步走出具有一定特色的智慧城市发展之路。其中：

（1）加大柳州信息基础设施建设力度，加强无线宽带建设和覆盖，宽带、光纤、移动互联网应用程度持续提升，2017～2018年，免费Wi－Fi网络热点数量力争达到5000个，逐步加深市区及六县县城室外公共区域的覆盖；物联网、云计算、大数据分析技术逐渐在智慧城市项目中普及应用，其应用率达40%～50%。

（2）电子政务水平显著提升，依托市电子政务云平台（云计算中心），实现信息和数据的整合、共享、开放，全方位便民服务初步形成。

（3）电子商务进一步集聚发展，产业规模快速增长，打造5～6个电商应用特色项目、平台、企业。

（4）“两化融合”显著加深，信息化、智能制造在企业逐步推广普及，工业机器人、智能专用设备、3D打印等智能装备产业力争实现在区内领先；2016～2018年，以信息服务业为代表的知识密集型服务业[①]增加值年均增速力争达到20%，努力培育区内或国内服务业知名品牌，形成广西新兴现代服务业集聚发展新高地。

（5）市民对智慧应用业务的总体调查满意度达65%～70%；智慧市民信息技术应用的培训、培养、积累机制初步形成，知识型年轻专业人才的培养体系改革启动实施；市民更为积极地参与到城市发展及治理中来。

（6）在鼓励智慧城市建设新技术、新应用、新业态发展，支持互联网信息服务业等知识密集型服务业集聚发展，深化“两化融合”，扶持电子商务快速健康成长，加速创建国家创新型试点城市和国家自主创新示范区，提高信息安全保障水平，改革投融资体制机制七个方面，初步构建起一套政策支持体系。

2. 第二阶段（2019～2020年）

“十三五”末期，到2020年，柳州智慧城市发展水平显著提高，“智慧柳州”发展框架进一步完善，力争进入我国智慧城市发展前列；综合信息基础设施全面普及；电子信息制造业、软件信息等知识密集型服务业实现跨越式发展，“两化融合”深入推进，智慧技术自主创新能力显著增强；智慧业务应用体系在公共服务、产业发展、社会管理和城市治理领域发挥更重要的作用；“智慧柳州”的制度环境和保障体系基本完善；市民和城市知识化转型成效明显；总体上实现智慧与城市的融合，从整体上提升城市运行、管理和服务的效能和智能，促进经济繁荣、民生幸福和可持续发展。其中：

（1）宽带、光纤、移动互联网继续快速发展，全面达到“宽带中国”

---

① 根据统计口径，知识密集型服务业包括四大类行业：信息传输、计算机服务和软件业，科学研究、技术服务和地质勘查业，租赁和商务服务业，金融业。

2020发展目标，努力打造区域一流的“无线城市”；强化4G网络覆盖能力，城区4G网络100%覆盖，力争行政村4G网络覆盖达100%，自然屯覆盖达85%；物联网、云计算、大数据分析技术成为“智慧柳州”的骨干支撑技术，在智慧城市项目中的应用率达60%～70%。

（2）电子政务与政府信息化有重大发展，全面形成开放公共数据，城市政务一个入口，集中化、统一化、“一站式”服务的格局。

（3）电子商务在制造业、农业、商业、物流、金融业及信息服务业全面发展，以网络营销为重点的电子商务基本普及；到2020年，全市电商网络销售额超过1000亿元，年均增长30%以上①；打造约10个电商应用特色项目、平台、企业。

（4）全市大型企业自动化应用率达95%，规模以上企业管理信息化率达80%～85%；企业信息化、智能制造水平快速提升，工业机器人、智能专用设备、3D打印等智能装备产业力争达到西部先进水平；2019～2020年，以信息服务业为代表的知识密集型服务业增加值年均增速力争达15%，塑造4～5个区内或国内服务业知名品牌，打造广西新兴现代服务业发展新一极，二三产业共同主导城市发展的格局初步形成。

（5）90%以上的市民能通过覆盖全市城乡的高速宽带、立体通信传输网络基础设施和服务体系，享受通信、出行、饮食、娱乐、学习等服务，市民对智慧应用业务的总体调查满意度达85%～90%；市民综合学习平台基本建成，全民信息技术应用水平有较大提升，知识型年轻专业人才的培养体系得到优化；善于创新、敢于创造、积极投身城市治理的氛围总体形成。

（6）健全智慧城市发展保障体系，建立支撑“智慧柳州”发展的政策法规、管理制度、投融资、信息安全和相关标准体系，形成与城市智慧化发展水平相适应的保障环境。

① 柳州市国民经济和社会发展第十三个五年规划纲要［S］.2016.

（四）关键领域

打牢基础、重在应用，是当前及今后一段时期内柳州建设智慧城市的两大关键领域，也是两大关键抓手。一方面，进一步夯实智慧城市基础设施，通过不断深入实施“宽带柳州”、“无线柳州”、“互联网+工业制造”、“互联网+城市门户”、云计算中心等信息化项目建设，不断提升柳州经济社会各领域的智慧网络运行水平。另一方面，在明确支撑型、主导型、惠民型、特色型智慧应用功能层级的基础上，全面强化智慧应用，打造切合柳州实际的智慧城市应用体系。

（五）主要任务

1. 着力打造“智慧柳州”系统框架

以提升柳州城市建设、管理、运行的规范化、精准化、智能化和服务化水平为出发点，构建城乡一体化信息网络新格局，通过信息资源充分整合共享，公共平台与智慧应用互联互通，实现数据中心融合、信息资源融合、平台应用融合，打造支撑要素适度超前发展、必备要素服务经济民生、保障要素提供充足动力的“智慧柳州”系统框架，如图1-4所示。

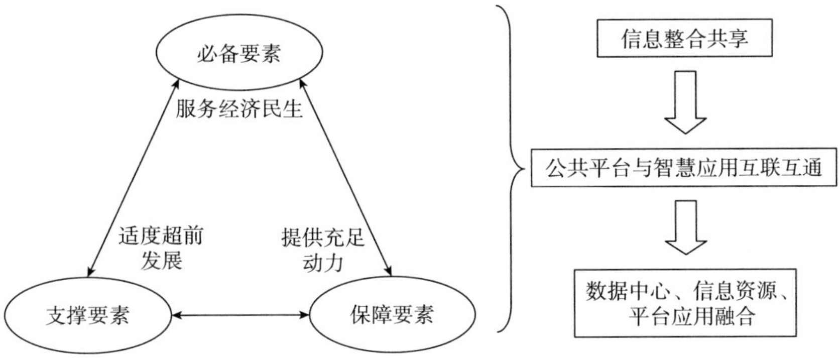

图1－4　“智慧柳州”系统框架

2. 积极构建“智慧柳州”架构体系

以提升柳州城市功能、满足柳州城市发展为导向，构建智慧城市基础设施体系、技术支撑体系、业务应用体系、投融资体系、政策体系和标准体系，全方位多维度串联经济社会发展各要素，形成智慧技术高度集成、智慧产业高端发展、智慧服务高效便民的城市发展新模式。建立政府部门和公共服务企业之间互联互通的市级信息资源共享交换平台，实现部门间资源共享与交互，加强与上一级平台资源交换和共享①。

（1）基础设施体系。柳州市仍须坚持“基础先行、适度超前”理念，以移动互联网、物联网等新技术发展为核心，坚持政府引导与市场调节相结合，建设社会急需、受益面广、带动性强的信息网络基础设施重大项目，构建智慧基础设施支撑保障体系。进一步加大城市宽带网络建设投入，积极推进4G移动网络及下一代互联网建设，推动公共场所免费Wi－Fi建设向县（市）区延伸；推进公共设施物联网平台建设，强化城市公共设

① 柳州市国民经济和社会发展第十三个五年规划纲要［S］.2016.

施物联网感、传、知环节的一体化部署；推进智慧城市运营中心建设，通过物联网技术，实时搜集城市运行各种状态信息，运用云计算和大数据分析技术进行数据分析挖掘，为城市精准运营和科学管理提供决策支持。

（2）技术支撑体系。一是物联网技术。围绕建设面向全市提供服务的公共设施物联网平台，加快具有智能处理、全面感知、可靠传输特征的物联网装置、技术的应用与部署，实现柳州城市信息的透彻感知、全面互联互通。二是大数据分析技术。形成互联网、移动互联网数据、社交网络数据、物联网的 RFID、传感器等数据的汇聚机制，并与柳州城市基础数据库、专题数据库实现连接，建立政府数据交换、共享和开放，进行城市大数据分析，深化大数据行业应用，发展大数据交易市场，为柳州市经济、产业、民生和城市治理服务。三是云计算技术。基于将各类硬软件及数据资源结构化地连接，打造云计算新型服务方式，以云计算平台支撑柳州智慧城市动态增量的物联网数据，实现多源异构数据的融合、同化与集成，通过共建的城市大数据应用云，提供政府治理、民生服务、社会管理、经济发展等应用。

（3）业务应用体系。智慧城市的本质是服务。要以新型城镇化、新型工业化和治理现代化为导向，在城市建设、政府管理、公共服务、人居环境、产业发展等多个领域选择社会效益好、市民喜欢用、示范意义大、带动效应强的项目进行重点突破，加快构建由支撑型、主导型、惠民型、特色型智慧应用组成的“智慧柳州”业务应用体系，力争在信息资源整合共享、产业智慧化以及社会各领域的智慧应用等方面有所突破，为更大范围地推广拓展奠定基础。

（4）投融资体系。注重不同领域项目建设的投融资模式创新，积极培育柳州智慧城市项目投资主体，允许民间资本、国外资本及其他资本进入，加强政府投资引导、鼓励多方参与，广开投融资渠道，逐步完善以政府投入为导向、企业投入为主体、社会投入为重要渠道的多元化投融资体系。一是采取“政府补助、市场运作”的模式推进免费 Wi - Fi 等项目建设，由政府提出建设需求和规范，给予资金补助，增值服务运营商以增值服务互换免费上网服务。二是采取“政府主导、公私合营”的模式推进智慧政务（市民卡）、智慧教育、智慧医疗、智慧商圈、智慧园区云服务平台等项目建设，大力实施 PPP 模式，组建或引入第三方运营公司，负责线上或线下平台的日常运营和管理，为市民和企业提供优质的专业服务。三是采取“政府引导、企业投资”的模式，对于市场需求旺盛、预期经济效益较好、具备商业化和市场化运作条件的行业，如社区便民服务平台等，可以通过制定相关优惠政策、发放特许经营证、引入市场竞争机制等手段，引导鼓励企业参与智慧城市建设、经营和管理，以用户为中心不断提升服务效率和水平。

（5）政策体系。着力在鼓励智慧城市建设新技术、新应用、新业态发展，支持互联网信息服务业等知识密集型服务业集聚发展，深化“两化融合”，扶持电子商务快速健康成长，加速创建国家创新型试点城市和国家自主创新示范区，提高信息安全保障水平，改革投融资体制机制七个方面，出台及完善一系列财政、税收、金融、科技、人才等政策，逐步构建服务“智慧柳州”的政策支持体系。

（6）标准体系。围绕智慧城市建设数据融合、平台建设、安全保障、业务协同等问题，逐步建立和完善“智慧柳州”标准体系。在密切跟踪、采用国家基础性、共性标准①，试点制定符合柳州实际情况的相关标准基础上，重点推进信息技术基础标准体系、信息资源标准体系、网络基础设施标准体系、数据传输和处理标准体系、信息安全标准体系、应用标准体系、管理标准体系的构建。

---

① 解树江，叶中华．中国智慧城市发展报告（2015）［M］．北京：中国金融出版社，2016.

3. 突出发展“智慧柳州”关键领域

（1）完善“智慧柳州”基础设施。一是加强网络基础设施建设，构建云计算中心、大数据中心，实现网络、计算、存储资源集约建设，实现公共数据自动汇聚、整合共享。在网络基础设施方面，加快推进光纤到户，重点建设4G、WLAN相结合的无线网络，提高城域出口带宽和无线网络人口覆盖率。在云计算中心方面，重点建设“智慧柳州”云平台一期和二期，建成云机房，提供云服务、云计算，构建企业云和公众云。在大数据中心方面，重点建设基础信息资源梳理、城市公共基础数据库、城市公共业务数据库、城市公共开放数据库、政务信息资源目录服务和标准规范。

二是构建公共信息共享机制及共享平台，实现平台系统互联，信息共享。重点建设好城市公共信息共享交换平台、时空信息云平台（2015年已列入国家试点）、视频云平台。搞好“一区三县”（市中心城区、鹿寨县、融安县、三江县）空间性规划“多规合一”试点，建立多部门共建共享的空间性规划信息管理基础平台及相关部门子系统，实现规划信息的“多规合一”和多部门业务信息的“互联互通”。通过整合各类规划空间信息，构建“多规合一”空间数据信息平台、“多规合一”审批信息化平台，支撑信息共享和规划衔接协调①。

三是加快物联网试点推广，提高网络业务承载和支撑能力。全面推进有线电视网络数字化和双向化升级改造。大力推进电信网、广电网、互联网“三网”融合，积极探索“三网”与物联网、无线宽带网、下一代互联网的“多网”融合②。

（2）建设“智慧柳州”应用体系。围绕柳州市“十三五”规划关于

① 梁莎莎. 我市将在“一区三县”试点空间性规划“多规合一”［N］. 柳州日报，2016-06-08.

② 柳州市国民经济和社会发展第十三个五年规划纲要［S］. 2016.

智慧城市应用体系构建的主攻方向，打造面向政府管理、产业发展、公共服务、人居环境和城市建设的一整套智慧业务应用体系，全面提高城市管理、运行、规划和建设等信息化水平。主要是：

①扎实抓好支撑型应用。

智慧政务是指政府机构运用互联网、物联网、云计算、大数据分析、移动互联等信息技术发挥政府管理和服务职能，通过资源的整合优化，实现公共管理高效精准、公共服务便捷惠民、社会综合效益显著的目标。智慧政务定位为智慧城市应用体系的支撑型内容，起着统领全局的作用。

柳州市要继续按照“基础设施全市统筹、应用开发部门为主、数据统一部署、资源共享高效”的发展思路，进一步建设好电子政务云服务平台，形成基础设施即服务、数据即服务、平台即服务、软件即服务“四位一体”的政务云架构。在“十三五”期间，市级各主要部门的公共应用系统要实现在该统一平台上运行。重点建设网上市民中心、网上办事大厅、“中国柳州”政府门户网站优化升级等项目。在市民卡已全面覆盖政务服务、公用事业、小额支付、金融服务等多个领域的基础上，进一步深入推进市民卡工程建设，整合通用就诊卡、医保卡、农保卡、公交卡、健康档案等功能，逐步实现多领域跨行业的“一卡通”智慧便民服务。

构建“政务数据统一部署、基础数据统一集聚、业务数据深度融合、应用数据深入挖掘、主题数据跨地区、跨部门、跨层级共享、目录与交换体系完善”的政务数据生态体系。重点建设宏观经济、自然资源与地理资源、三维地理空间以及人口、法人等基础数据库建设；加快创新资源、人才资源、文化资源、社会信用、城市管理等综合数据库建设；建立财税、卫生、房产、交通、教育、水利、档案等行业数据库①。到“十三五”末期，能广泛提供数据的共享应用服务。

① 柳州市国民经济和社会发展第十三个五年规划纲要［S］. 2016.

②全力抓好主导型应用。

智慧产业是以信息资源为基础，以信息技术为手段，通过研发知识密集型的信息技术产品和服务，促进经济增长、社会进步和劳动就业的一种新型经济形态。柳州智慧城市发展不仅要“建城”，还要创造高端智慧产业，通过集聚智慧产业创新人才，发展智慧城市核心技术。在柳州市全力打好产业转型升级攻坚战的现实背景下，深入推动智慧产业大发展，服务柳州经济主战场，是柳州建设智慧城市的主导型应用。柳州市要以打造国家重要的先进制造业基地为目标，主动顺应“互联网+”发展新形势、新要求，立足现实基础和自身特色优势，以创新驱动为核心动力，以提质升级为主要诉求，以应用融合为基本形式，以智能制造、智慧创造和智力支撑为重点，坚持“两化融合”，大力发展新兴产业、努力提升传统产业，积极培育新兴业态，重点发展智慧产业集群。

路径Ⅰ：开放合作，培育发展知识密集型服务业。充分把握知识分工和知识工作商品化进程和趋势，加大知识密集型服务业集聚发展力度。当今，先发区域的发包方愈加重视使用后发区域兼具低成本、高技能特征的知识型劳动力完成知识型工作，以降低寻源成本，从而使后发区域或城市逐渐成为知识密集型服务业集群发展的新中枢①。柳州既有制造业基础及科技工程服务技能培养方面的特色优势，也具有劳动成本优势，因而已具备了通过参与到知识型价值链以集聚发展知识密集型服务业的可行条件。为此，柳州应积极与我国东部、泛珠三角发达城市构建政府、企业、行业协会间推进知识分工的长效合作机制，努力消除地方保护与市场分割，吸引大批东部城市的信息技术、下一代互联网、软件开发、产品设计、商务咨询、金融财富、新型数字媒体、智慧教育等知识型服务项目或企业落户

---

① Manning, S. New silicon valleys or a new species? Commoditization of knowledge work and the rise of knowledge services clusters [J]. Research Policy, 2013 (42): 379-390.

柳州，在为东部客户代工的过程中逆向学习、提升，进而带动发展柳州本土的新兴知识密集型服务业，补齐“短板”，提升柳州产业结构高级化水平，打造柳州产业广泛利用知识资本跃迁的升级版。

路径Ⅱ：促进“两化”深度融合。以信息化为推手组织重大智慧技术攻关和应用，在吸收、消化的基础上，坚持自主创新发展之路，实现柳州本土企业智慧型创新成长。一方面，提升企业生产制造智能化水平。加快推动新一代信息技术与制造技术融合发展，把智能制造作为深化“两化融合”的关键突破口，全面提升企业研发、生产、管理和服务的智能化水平。以柳州市10家国家“两化融合”贯标试点企业为引领，积极促进汽车、机械制造、钢铁、食品加工等产业部门发展智能制造，实现互联网、物联网、云计算、大数据分析在研发设计、生产制造、物流运输、销售服务、绿色发展等全流程和全产业链的综合集成应用，推动产业结构向中高端跃迁。一是支持企业自动化设备、数控设备和机器人应用，重点建设柳钢集团MES项目、东风柳汽数字化生产制造流程管理集成平台等，实现生产过程信息化；二是支持企业开发智能控制系统及电子产品等，实现工业产品智能化，注重推动汽车支柱产业发展汽车电子类零部件，如发动机、汽车电子音响、空调制冷、汽车排气系统等；三是推进一批数字车间、智能工厂建设，实现经营管理信息化①；四是鼓励物流企业加强大数据分析、云计算、物联网、移动互联网等先进信息技术的应用，开展技术应用和经营模式创新；五是大力推进中小企业信息服务云平台建设，为中小企业提供多元化的政企交互渠道、寻求援助及反馈信息的渠道，以及政务代理平台服务。另一方面，加快智能装备产业发展。一是以工业机器人为龙头集中优势发展机器人产业集群，依托汽车、机械、食品、电子、建材、化工等产业基础，加快引进国内外有实力的机器人生产制造企业，重点扶持柳

① 覃丽娜，罗熔军．柳州6企业入选国家“两化”融合试点［N］．南国今报，2016－06－07.

工、高华机器人项目，促进机器人制造标准化、模块化、高端化，布局建设中国—东盟（柳州）机器人产业基地[1]；二是以建设智能专用装备产业园为依托，发展新型传感器等智能核心装置；三是培育一批3D打印骨干企业，强化面向汽车及其零部件、智能装备制造、电子电气、文化创意领域的实际应用。例如，在汽车零部件行业，可通过利用3D打印快速制造关键共性技术的研发与应用，打造独具特色的"汽车零部件数字化3D打印快速制造系统"，以满足单件、小批、个性化汽车领域复杂金属零件和结构件的快速设计和制造，从而缩短新产品的研发周期，降低研发成本和风险。

路径Ⅲ：推动电子商务产业跨越发展。以电子商务统筹各类实体、虚拟资源，积极建立和完善网上营销和交易平台。进一步推动柳州各类经济主体（大型企业、中小微企业、专业市场等）"触电上网"。依托市内电商产业园区，并注重引入电子商务产业链上下游的企业（如物流企业），形成产业的有效集聚，为电商企业提供集成式、一体化、一站式服务，促进电子商务物流发展。依托柳州支柱产业和优势产业，构建和提升一批B2B网上交易专业市场，如糖网、钢网、车网、汽配网等。引导、鼓励和支持针对柳州企业的实际情况来研发、创建自主型电子商务专业服务平台，如电商外贸服务平台、跨境电商平台、电商物流平台等。

需要强调的是，发展智慧产业必须深化组织和管理模式创新，推进智慧产业科技创新公共服务平台、产学研技术联盟的建设，促进自主创新，建立完善智慧产业科技服务体系，持续实施智慧产业领军企业培育工程。同时，完善政策法规，建立完善创新激励保护机制，引导企业加大知识产权创造激励力度，营造信息安全保障和知识产权保护的技术保障、法制保障和政策环境，为信息化的新一轮发展提供支撑。

---

① 荀诗媛．我市将重点打造机器人产业集群［N］．柳州日报，2016－04－07.

③积极抓好惠民型应用。

惠民型应用是实现智慧民生、体现智慧城市建设重要成果的主要路径，它们基于新一代信息技术，为群众提供在基本生活、基本发展和权益保护等方面的高效服务体系，从而实现对民生需求的及时感知、实时响应和高效处理。柳州市要通过积极提供满足城市民生需求的交通、应急、城管、教育、安全等各类智慧应用，保障和改善民生。

智慧交通充分运用通信技术、物联网技术、云计算和系统工程等信息技术手段，以交通管理决策科学化、交通指挥调度信息化、交通信号控制自动化为主要目标，完善市区主、次干道视频监控及主干道交通信号控制联网体系建设，重点建设交通信号控制系统、综合智能停车管理系统、城乡客运一体化信息服务平台、交通运输运行指挥中心等平台[①]，构建起一个大范围、全方位的，实时、准确、高效、低碳的柳州综合交通运输管控及服务系统。

智慧应急是以城市应急联动管理平台为基础，有效地利用现有的各种网络资源、信息资源、应用系统资源，构建城市重大灾害（难）性事件应急联动指挥系统，形成对城市重大灾害（难）性事件的智慧响应和处置[②]。在“十三五”期间，柳州市应重点建设应急数据平台及应急数据库系统，及时把握城市安全动态，为全市政府、公众、企业提供及时的应急服务技术支撑。同时，重点建设应急管理平台（含移动应急），满足应急数据处理、应急方案、应急保障需求。

智慧城管构建以视频应用和业务办理为代表的统一视频、统一呼叫、统一定位、统一空间、统一管理支撑体系及实时管控、智能管控、业务办理、公众服务应用系统，打造市区一级平台、两级部署的应用格局。优化

① 柳州市国民经济和社会发展第十三个五年规划纲要［S］. 2016.

② 池天河，彭玲，杨丽娜. 智慧城市空间信息公共平台［M］. 北京：科学出版社，2015.

升级柳州城市网格化管理平台。重点建设硬件升级扩容、市级数字城管软硬件平台升级项目（高清监控探头、地理信息部件等）。构建柳东新区（含阳和工业新区）城市管理信息中心。进一步延伸拓展数字城管工作，探索市辖县（区）数字城管二级监督机制，逐步推动数字城管网络体系拓展，以柳江为试点建设好县（区）级数字城管平台。

智慧教育通过建设智慧教育项目，为柳州市民提供“个性化、多样化、智能化”的教育服务，营造“时时、处处、人人”的泛在学习环境，打造可持续发展的智慧教育生态系统。一是建设智慧教育云平台，通过建立统一资源中心，统一数据管理，消除信息孤岛，实现资源整合与共享，打造“云 + 端”的应用模式，作为教育门户网站及应用平台的基础支撑。二是建设智慧教育公共服务平台。其中，以满足中小学教学需求建设网络学习平台，以服务职业教育、市民教育和老年教育需求建设终身学习平台，以提供各类专业资源建设数字化阅读平台。三是以一批中小学为试点，建设数字校园及数字化实验校（区），将物联网、移动互联、社交网络等信息技术应用到学校的教育教学及日常管理中，实现教育教学和学校管理的智能化、信息化。到 2020 年，在与中国电信公司等战略合作协议覆盖范围内的学校将全部完成信息提速，大力进行网络“专递课堂”建设，推广“中心校带教学点”“一校带多点，一校带多校”等信息教研模式，“十三五”期间要力争投资建设 100 所智慧校园。

平安柳州一是围绕进一步强化社会治安综合治理，依托网格化服务管理和群防群治，努力提高治安管理信息化和数字化水平，重点建设“天网”工程六期，升级打造由城乡社区村屯防控网、单位和行业场所防控网、技术视频防控网、信息网络防控网等构成的社会治安防控体系网络。二是围绕强化生产安全工作，探索建立以安全生产中心数据库为核心，安全生产综合监管平台、安全生产公众服务平台、单位协同工作平台、企业安全管理服务平台为支撑的综合安监服务信息系统。三是推进“智慧司法”项目实施，建立柳州司法信息化专业工作平台，将功能延伸至市、区县、乡镇三级，全面实现对内提供司法行政专业应用，对外开展普法宣传、法律援助的“泛在服务”以及便捷、移动的行政支撑。

④稳步抓好特色型应用。

特色型应用是智慧城市建设的窗口、示范项目，它依托一定的空间载体，构建基于现代信息技术的价值网络，双向培养企业、顾客智慧应用的习惯，能起到盘活城区经济、商业的重要作用，是“智慧柳州”建设中值得开拓的重要应用。

大力推动传统商贸服务业实现虚拟集聚①，构建智慧商圈，提升零售商市场竞争力，改进消费者购物体验，增进柳州市民生活便利，是当前“智慧柳州”建设可以选择发展的特色型应用。当下，传统零售商正受到电子商务的强烈冲击，亟待转型发展；而消费者也需要更全面的购物体验，既包括商品质量、产品线的丰富、售后服务保障，也包括信息获取、物流配送的便捷。城市各类零售商借助网络实现虚拟集聚，构建智慧商圈，就可兼顾消费者网上搜索信息和实体店购物体验的双重需求，降低贸易成本，进而构筑供需双方的社群平台，实现商业模式创新。长沙市天心区构建智慧商圈的做法、经验值得借鉴。

长沙市天心区五一商圈是该市人流量最大的商业街区，也是重要的旅游文化资源。但其商铺规模都很小，经营模式落后，各自为政，效率低，几乎无法组织像样的营销活动，也没有办法延伸自己的服务。2015 年 6 月，长沙市天心区政府与深圳腾讯公司合作，利用主流、超级 App——微

① 虚拟集聚是依托最现代化的信息通信技术，由不同独立的经济主体（企业、组织和个人）基于资源合作原则而在虚拟空间上的集中。各经济主体通过公共服务、中介机构组织搭建的共享网络平台实现虚拟集聚，可以达到优化运营、充分竞争、共同发展、共赢的目标。参见吴哲坤，金兆怀．关于我国虚拟产业集群发展的思考［J］．东北师大学报（哲学社会科学版），2015（6）：82－86.

信，由第三方企业（深圳嵊灿科技及其子公司）负责建设运营，构建了全国首家智慧商圈“智慧天心”。它以“智慧天心”微信公众号作为线上服务的统一入口，结合微信支付、微信优惠券、微信连 Wi－Fi、微信摇一摇等功能，深入商圈线下业务场景，提高商圈的商业能力和服务能力①。经过一年多的运营，取得了突破性进展：五一商圈内的传统线下门店都升级为“智慧门店”，结合多种智慧功能，达到了整体服务能力的移动化、社交化、便捷化，经过智慧改造的传统商业在竞争力上有了质的提升，“智慧天心”成为长沙智慧城市建设的特色应用项目②。

柳州素有“桂中商埠”美誉，城市商业发达，完全具备通过注入智慧要素构建“智慧商圈”的条件。目前，柳州市部分城区已经设想构建智慧商圈。例如，城中区规划在五星商圈搭建一个公共的电子商务平台，把商圈内所有商家、产品、打折、招聘等信息都往平台上推送；同时推进 Wi－Fi 全覆盖工作，让消费者体验上网无忧、购物无忧③。借鉴长沙天心区智慧商圈的建设经验，以柳州市文昌商圈、五星商圈为主要空间载体，柳州市政府相关部门（如市商务委）或相关城区（如城中区）政府可积极牵头启动智慧商圈建设④，可以通过其下属公共服务机构创设平台，也可以在微信等主流、成熟的平台上开发，以吸引零售商和消费者的加入，增加平台可信度，初步凝聚平台的人气。随着平台的发展以及消费者社群活跃度、互动度、黏着度的持续提升，还可将智慧商圈的边界向外拓展，即跨越城

① 谢晓萍等．微信力量［M］．北京：机械工业出版社，2015.

② 截止到2016年5月中旬，“智慧天心”合作商户超过1500户，移动在线支付笔数达到50万笔，支付金额近2000万元，“智慧天心”微信公众平台粉丝接近15万。

③ 辜丽娜，伍蹈，覃胜利．行业龙头纷纷“触网”线上线下“双拳出击”［N］．南国今报，2015－01－23.

④ 尽管集聚源自于市场内生的报酬递增，但“有为政府”的积极干预可以形成某种“历史偶然事件”而改变集聚的初始外在环境，为智慧商圈形成、发展虚拟集聚奠定重要基础。参见胡晨光，程惠芳，俞斌．“有为政府”与集聚经济圈的演进——一个基于长三角集聚经济圈的分析框架［J］．管理世界，2011（2）：61－69＋80.

市或区域的地理界线吸引制造商、大型批发商、设计研发机构、金融支付机构加入虚拟商圈，在个性化产品定制、订单、产能和物流聚合、消费者全方位体验等方面营造良性竞合互动，从而构建一个通透互联、良性竞争、跨界协作的价值生态系统。

（六）重点工程

1. 电子政务应用推广工程

以大数据应用为牵引，推进公共信息资源整合共享开放。以政务云计算中心为核心，加强统一信息采集、统一共享服务、统一开放发布、搭建政务数据统一的数据架构，构建“上下贯通、左右衔接、互联互通、信息共享、互为支撑”的柳州政务数据整合共享开放支撑体系，探索开放政府公共数据，为社会化创新应用提供渠道和支持，同时建立发展机制，推动政务和行业大数据应用和发展。

2. “两化融合”示范带动工程

推进“两化融合”是一项战略性任务，结合柳州特色，促进“实业兴市、开放强柳”战略、走新型城镇化道路、建设智慧城市的重要工作。在抓好试点，典型示范，总结推广的基础上，深化信息技术应用，提高信息化和工业化融合的水平。深化信息技术在传统制造业的集成运用，实施智能制造工程，提高研发设计、生产过程、生产装备、经营管理信息化水平，促进制造模式向数字化、网络化、智能化和服务化转变，提高传统产业创新发展能力。加快工业机器人、智能专用装备、3D 打印制造等智能装备发展，形成一批拳头产品。建设一批“两化融合”示范点和试验区，重点建设柳钢电子商务平台、柳汽车辆销售机会与服务能力提升项目。

3. 知识密集型服务业提升和集聚工程

努力提升服务业发展中的知识、信息、技术含量，为知识密集型服务企业成长及品牌推广提供更为有利的宽松环境和扶持力度。

一是加快推进“电商柳州”服务工程。以创建国家电子商务示范城市为目标，把电子商务作为现代服务业发展的重点，打造电子商务千亿元产业。加速促进各行业“触网上市”，扎实推进“电商柳州”系列重点行动，打造桂中地区乃至全国大宗商品现货电子交易平台的政策高地和成本洼地，建成区域性电商集聚中心、网货营销中心和网络交易中心。重点建设柳州嘉航电子商务产业园、食糖大宗商品电子商务服务平台升级改造等项目。推动电子商务向跨境电商等前沿应用领域渗透，特别是积极与阿里巴巴等大型电商平台共同探索跨境电商“一站式”服务，突破传统的外贸代理模式，以电子商务的手段，为外贸企业提供快捷、低成本的通关、外汇、退税及配套的物流、金融服务，为企业降低成本，增强柳州产品的海外市场竞争力。

二是积极培育“互联网 +”服务工程。推进服务业业态创新，加快拓展新领域、发展新业态、形成新热点，重视发展软件和信息服务业等新兴服务业，培育一批“众创、众包、众筹”的新型互联网服务企业，优化现代服务业结构。促进移动互联网、云计算、大数据分析、物联网等新一代信息技术与制造业、生产性服务业融合创新，构建创新服务云平台、商贸服务平台等载体，促进产业转型升级。

三是扎实推进知识密集型服务业集聚工程。知识密集型服务业包括研发设计、商务咨询、金融财富、信息技术等服务业，具有高知识度、高技术度、高互动度、高创新度的显著特征①。知识密集型服务业集聚区是加速城市知识创新、智慧转型的新兴增长极，也是汇聚知识资本和创意阶层的空间组织形态②。依托汽车及零部件生产基础和产业链，在柳东新区汽车城等区域集聚发展研发设计、检验测试、供应链金融等服务业，构建汽车及零部件等创新研发平台和创新联盟；重点建设广西科技大学柳东校区一期（汽车学院），将其建设成为广西汽车产业和柳州汽车城重要的人才培养、科技创新及校企合作产品研发基地，充分发挥知识就近溢出效应。依托城中—河东片区、柳东新区等区域，集聚发展电子商务、商务服务、管理咨询、技术服务、金融服务、会展服务、工业设计、总部经济等高端服务业，构建若干标志性的中央商务圈、功能集聚区等。以柳州高新科技园、柳州软件园、柳州工业设计产业园等园区为载体，集聚发展互联网、科技创业、文化创意等新兴服务业，鼓励“大众创业、万众创新”。

4. 信息资源开发利用工程

建立和完善信息资源开发利用体系。构建、完善宏观经济、法人单位、自然资源与空间地理、人口管理、政策法规、政务信息、公众服务信息等基础信息资源库。引导和规范政务信息的社会化增值开发利用。鼓励企业、个人和其他社会组织参与信息资源的公益性开发利用，加快信息资源的有效整合与共享交换。基于互联网、物联网、大数据分析、云计算技术发展信息服务的新型模式，促进信息服务消费智慧化、多样化、便利化，实现信息惠民。

① 魏江，陶颜，王琳．知识密集型服务业的概念与分类研究［J］．中国软科学，2007（1）：33－41.

② 詹浩勇，冯金丽．西部生产性服务业集聚对制造业转型升级的影响——基于空间计量模型的实证分析［J］．技术经济与管理研究，2016（4）：102－109.

五、加快柳州智慧城市建设的对策建议

（一）科学决策，坚持把推进智慧城市建设作为实现柳州经济社会又好又快发展的重大战略

科学决策是推进智慧城市建设的重要前提。一是柳州各级各部门要认真贯彻落实柳州“十三五”规划中“加快智慧城市建设”的战略部署，将“智慧柳州”建设的各项工作提上重要议事、工作日程，从引领全市在全区率先建成小康社会、打造产业集聚、要素集聚、人口集聚的西江经济带龙头城市的战略高度推动实施。二是加强调查研究，掌握柳州智慧城市发展现状及其趋势，实行科学决策，明确推进“智慧柳州”建设的目标，做好顶层设计，将主要任务、工作和项目分解落实，加强对智慧城市建设的指导。三是强化对城区、部门智慧城市建设的目标考核，以考核引导建设。借鉴国内外先进的智慧城市评估经验，同时参照《国家智慧城市

（区、镇）试点指标体系》定期开展智慧城市评价考核，落实各项工程建设任务，需要在权责统一、明晰的基础上，建立相应绩效考核机制，并争取将有关指标纳入领导干部落实中心工作的考核体系当中。

（二）加强领导，统筹抓好推进智慧城市建设各项工作

党委政府的重视和正确领导是推进智慧城市建设的关键。一是柳州市委、市政府要进一步充实柳州市智慧城市建设工作领导小组及其下属常设机构，综合协调相关部门的工作，统筹制定各项建设规划和发展政策，统筹区域资源，统一规划实施，完善领导工作机制和制度，加强对智慧城市建设的宏观调控与领导。二是完善柳州智慧城市建设联席会议制度，健全议事规则，增强协调力度，形成长效机制。建立职责分工明晰，部门各司其职、上下联动的管理体制。形成以市住建委牵头，市发展改革委（管重大项目）、工信委（管产业、企业智慧化转型）、商务委（管智慧型服务业发展）、财政局（管建设资金筹措、运用）、人力资源和社会保障局（管人才引进、培养）等部门重点参与、密切合作的工作组织架构，推动专项建设项目，落实资金来源，避免智慧城市建设多头管理、重复建设。三是继续协调、动员和整合主要电信运营商、信息产业系统集成商等骨干企业、社会力量，为“智慧柳州”建设注入新的发展元素。四是在若干重要试点城区（如鱼峰区）或主要工作部门（如住建委、工信委等）可试行首席信息官制度，提高智慧城市建设的领导和执行能力。

（三）培养人才，为推进智慧城市建设提供智力支持

智慧城市要求城市发展由物质资本主导转变为知识资本主导，由劳动分工主导转变为知识分工主导，因此，人才培养和集聚是智慧城市建设与发展的决定力量，也是促进城市产业、企业智慧化转型的根本。一是培养大批年轻应用型技术、技能人才。围绕“智慧柳州”系统框架中的重点应用领域，积极梳理、规划柳州高等学校中的物联网、云计算、移动互联网、大数据分析、智能芯片、软件开发、电子商务、互联网金融、管理咨询等知识型人才培养的优长领域，加强市、企、校人才培养合作，调整办学方向，强化实践训练，打造智慧城市人才培养基地，就地培养和输送适应柳州智慧城市建设的应用型技术、技能人才。例如：依托广西科技大学计通学院、理学院加大信息技术、互联网、大数据分析、软件开发类技术、技能人才的培养力度；依托广西科技大学汽车学院、机械学院等加大汽车技术服务、智能制造类技术、技能人才的培养力度；依托广西科技大学财经学院、管理学院加大商务金融、管理咨询类技术、技能人才的培养力度；依托柳州城市职业学院等高职院校加大电子商务、物流信息类技术、技能人才的培养力度。鼓励大学生从事智慧产业创业实践，帮助其解决融资与创业难题。二是加强高端人才引进。大力引进智慧城市建设需要的高端创新创业人才、各类拔尖人才、急需紧缺的专门人才和外国专家（海外工程师），着力引进智慧城市建设高层次领军人才、高层次复合型实用人才和高技能人才。以智慧产业园区为依托形成若干高端人才集聚特

区。三是组织开展多层次的智慧城市人才培训，如城区、部门领导干部培训、专业骨干培训，深入学习国内外智慧城市建设的先进理念和经验，尽快提升领导水平和业务能力。

（四）强化宣传，营造智慧城市建设的良好人文环境

加强宣传，营造良好社会氛围和人文环境，是推进智慧城市建设的重大举措。一是提升柳州市民的信息化意识和能力，逐步建立多元开放的人文环境，鼓励、支持乃至适度资助各单位开展信息技术、智能设备使用等方面的教育和培训，普及计算机、网络应用和信息化知识，增强市民信息素质，提高市民获取信息服务的能力和信息技术应用技能。可以在市规划馆、会展中心及全市主要商圈的标志性城市综合体（如万达广场）构建智慧城市仿真体验馆、仿真体验中心，利用 VR（虚拟现实）、游戏等技术，让市民切身感受到智慧城市带来的便捷，并主动参与到城市规划等城市建设和发展的公共决策中来。二是利用各种渠道和媒体，积极宣传建设“智慧柳州”的重要意义、总体目标、工作部署和阶段性成就，提高政府、企业、市民对智慧城市建设的认同度、参与度和协同度。可以构建“智慧柳州”门户网站或手机 App；在《柳州日报》的“我的城市我的家”等主流媒体专栏，每周专题进行 1 ~ 2 次智慧城市建设报道、开展“我为智慧城市献一计”等活动；从 2016 年起，定期编制、发布和出版柳州智慧城市发展年度报告。三是积极主办、承办各类智慧城市发展专业论坛、专业会展等活动，强化与区内外智慧试点城市（尤其是西部地区城市、传统工业

城市)[①]、国际国内知名企业的合作与交流，及时吸收先进思想和成功经验，并充分利用内外部资源建立柳州智慧城市建设研究、项目机构信息库和智慧城市专家数据库。四是大力倡导“善用智慧、敢为人先、勇于创造、宽容得失”的创新文化与创业精神，最大限度地迸发智慧城市的活力。以花园城市、美丽城市、绿色城市建设为途径，吸引创意阶层空间集聚[②]，为知识创造和智慧运用提供优美的外部环境。积极举办各类“互联网+”创新创业竞赛、研讨、会议和征文活动，鼓励社会各界参与智慧型创造。积极鼓励政府与社会协同、外地资源与本地资源协同建立创业孵化基地，以柳州高新互联网众创空间、广西机器人众创空间为龙头，由行业领军企业、学校、创业投资机构、社会组织等投资建设或管理运营创客空间、创新工场等新型孵化载体，建立并完善“众创空间—科技企业孵化器—加速器—产业园区”创业孵化链条，构建创客成果产业化转化环境，打造更多“智慧柳州”创业造梦的“摇篮”。

① 例如，近年来，我国西部地区内陆后发省份贵州依托省会贵阳市，后发崛起，超前、快速发展大数据产业。2015 年贵州大数据电子信息产业规模总量达到 2000 亿元，“十三五”期间贵州预期大数据产业规模总量超过 5000 亿元，年均增长 20% 以上；贵阳由此赢得了“中国硅谷”称号：率先建设全国首个国家大数据综合试验区、大数据产业发展集聚区、大数据产业技术创新试验区等。贵州（贵阳）跨越发展智慧产业的“亮剑”精神和独到经验就值得交流、学习乃至借鉴。参见谭彦斌．贵阳，是怎样做强大数据的？［N］．柳州日报，2016 - 06 - 02.

② 创意阶层较之人力资本也许更能反映内生增长理论中要求的人的内涵，因为它更强调人的创造性和创新能力。一般认为，所有产生新观念、新知识、新技术的人和管理精英都属于创意阶层。参见洪进，余文涛，杨凤丽．人力资本、创意阶层及其区域空间分布研究［J］．经济学家，2011（09）：28 - 35.

Ⅱ 绿色智造篇：提升柳州绿色智能制造竞争力的路径与对策

六、绿色智能制造的内涵

（一）“绿色智能制造”提出的背景

2008年经济危机之后，世界各国经济增速放缓甚至停滞，失业率持续上升。为了快速实现经济复苏，在新一轮的国际竞争中占据主导地位，各国对科技的创新和重视度空前加大，以智能、低碳、绿色为特征的新一轮技术创新浪潮正如火如荼地在全球范围内掀起，而智能制造在其中扮演着主要的角色。以美国为首的发达国家利用技术优势率先在智能制造领域展开布局，通过推进制造业向高端制造业的再升级来打造新的竞争优势。美国提出“再工业化”战略，旨在通过发达的信息技术来引领制造业发展；德国制订“工业4.0”计划，通过发展物理信息系统（CPS）来推动本国装备制造业的智能升级；英国发布《英国工业2050战略》，注重智能制造人才培养和基地建设；韩国将智能制造技术列入“高级先进技术国家计划”之中，重点发展智能化生产技术；日本通过《日本再兴战略》重点发展工业机器人和无人工厂，通过人工智能提升生产效率，尝试借助不依赖人力的制造技术提高国际竞争力。

而对于我国制造产业来说，虽然近年来发展速度加快、所带来的经济效益和社会效益明显，但是资源约束趋紧、环境污染较重、生态系统脆弱等一系列问题凸显，总体上仍然呈现“高投入、高消耗、高污染”的线性发展模式，因此，增加产品的科技含量、提高生产效率、满足个性化需求、降低劳动力成本、减少生产过程中的物耗和能耗、生态和谐等要求越来越迫切。

在此背景下，一方面为了及时赶上新一轮工业革命，在技术方面缩小与西方发达国家的差距，另一方面为了解决我国制造业发展带来的资源、环境问题，实现转型升级，中国政府坚持以“创新驱动、质量为先、绿色发展、结构优化、人才为本”为基本方针，其中，第一步即要通过制造业信息化、网络化、智能化促进“两化融合”，重点行业单位工业增加值能耗、物耗及污染物排放达到世界先进水平，提升制造业整体素质和全员劳动生产率，创新能力显著增强。柳州市要想继续保持在西部城市中制造业的优势地位，缩小与中东部城市的差距，就必须尽快转向依靠科技创新和技术进步，以提高效率为主要动力，注重节约资源、环境保护的集约化发展轨道，着力构建绿色智能制造体系。

（二）“绿色智能制造”的内涵

目前，学术界对“绿色智能制造”鲜有界定，相关研究分为两个方向：一是对“绿色制造”的研究，研究普遍认为“绿色制造”是指在保证产品功能、质量、成本的前提下，综合考虑环境影响和资源效益的现代化制造模式，其目标是使产品从设计、制造、包装、运输、使用到报废处理的整个产品生命周期中，对环境的影响最小，资源利用率最高，并使企业经济效益和社会效益协调化。二是对“智能制造”的研究，学术界形成的基本共识是“智能制造”指使制造技术与数字技术、智能技术、网络技术相互渗透，形成一套高度智能的生产系统。综上所述，绿色智能制造是以生产与生态的平衡，发展与环境的和谐为最终目标，坚持高效益、高技术、高效率、低排放的发展理念，通过制造技术与前沿的数字技术、智能技术、网络技术相融合，在保证产品质量、功能的前提下，实现生产成本低、资源利用率高、环境影响小，集创新、智能、低碳、绿色于一体的制造模式。从具体制造过程来看，绿色智能制造是以智能工厂为载体，而智能工厂包含供应链、产品设计、生产制造三个层面的所有生产活动，因而“绿色智能制造”应从这三个层面均呈现绿色智能化的特点，具体如下：

一是资源配置的绿色智能化。由于绿色智能制造能将最新的信息技术、智能技术与制造技术相结合，因此，成熟的智能工厂中能够利用信息网络技术和人工智能技术实现物理流、管理流、信息流的统一，使资源配置高度智能化，达到缩短研发设计周期、提高资源利用效率、减少环境影响等效果，实现资源配置的绿色智能化。

二是生产过程的绿色智能化。绿色智能制造的核心是关键制造环节的智能化，其特征是形成一个具有完整生产与信息回路的制造系统，使制造过程具有自我学习、组织、诊断、决策等智能化行为和能力，从而实现故障或问题的自我分析、自我判断以及自我处理等功能，进而提高资源利用率，提升生产效率，实现生产过程的绿色智能化。

三是产品的绿色智能化。在绿色智能制造模式中，绿色智能化也被融入设计理念中，在产品设计初期能根据消费中提出的多样化需求进行产品功能、外形等设计；在生产过程中能实现全流程跟踪监控，不断根据需要优化生产流程；在售后环节能针对产品的不同特性与消费中进行互动交流，第一时间将用户的需求反映到产品的设计和生产中来，从而满足用户的各种个性化需求。这种“产品设计—生产—售后反馈”全过程的循环促进模式能有效避免产能过剩，从而降低企业的原材料、能源消耗，实现产品的绿色智能化。

七、绿色智能制造竞争力评价体系的构建

（一）评价指标的选取

由前文绿色智能制造的内涵特点可以看出，绿色智能制造模式的形成发展不仅依赖于制造业自身的能力，而且依赖于所处的经济社会发展条件。制造业缺乏技术创新能力，在其推动下形成的规模定制能力、价值创造能力、绿色发展能力，绿色智能制造中的资源配置、生产过程、产品设计的绿色智能化就丧失了形成和发展的动力；同样离开外部经济发展形成的消费投资支持、良好的交通运输基础设施和较高的信息化发展水平的支撑，绿色智能制造也缺少了生根发芽的土壤。因此，绿色智能制造竞争力可以从以下几个方面来考察：

一是价值创造能力，指在当前以“工业＋互联网”为特征的新一轮工业革命中，制造业引入、融合信息技术、人工智能的发展成果，并在它们的引领、推动下提升自身生产效率的能力。因此，价值创造能力是制造业

提升经济效益的能力，只有具备较强的经济效益才能为提升技术创新、规模定制能力、提高资源利用效率、与环境和社会和谐发展等目标提供物质基础和经济保障，为制造业智能化可持续发展提供动力。因此，价值创造能力是衡量制造业“绿色智能化”程度的重要目标能力。价值创造能力主要体现在生产规模、盈利能力、市场认可度等方面，考虑到指标的适宜性和可得性，本书选择制造业总产值、制造业总产值占工业总产值的比重、制造业企业利润总额、制造业就业人员劳动生产率、制造业就业人员人均利润、制造业产品销售率 6 个指标作为价值创造能力的反映指标。

二是技术创新能力，这里技术创新包含两个层面：一方面，在制造业主要产品性能优化、生产技术改进、新产品研发等方面的创新；另一方面，对我国当前逐步深入的产业转型形势，制造业迫切需要提质增效，其技术创新的重要层面就是要求制造业通过科技研发和技术创新，从主要生产、销售产品向主要提供系统集成服务、整体解决方案转变，延伸服务链条、增加服务环节的能力，推动制造业从价值链低端的加工制造向中高端设计服务延伸，提高生产附加值率。两个层面的技术创新是制造业进行技术革新、节能降耗、提升生产效率的推动力，因此，技术创新能力是制造业“绿色智能化”的内生动力。技术创新能力主要体现在制造业研发投入和专利成果上，因而，此本书选取制造业 R&D 经费支出、制造业 R&D 人员全时当量、制造业 R&D 投入强度、制造业 R&D 人员占就业人员人数比重、制造业专利申请数、有效发明专利数（制造业专利拥有数）6 个指标作为技术创新能力的代表指标。

三是规模定制能力，是指随着市场从卖方向买方转变，制造业能在标准技术、现代设计方法、信息技术和先进制造技术的支持下，根据客户的个性化需求，以批量生产的低成本、高质量和效率提供定制产品和服务的能力。在客户需求愈加多样化和个性化、产品生命周期逐渐缩短的市场环境下，是否能高效快捷地进行产品研发和技术转化，即具有较高的规模定制能力，直接决定了制造业的竞争力和可持续发展的能力。因此，规模定制能力也是制造业“绿色智能化”的重要支撑能力。规模定制能力主要考察的是制造业在产品开发和技术转化方面的能力，因而本书选取制造业新产品开发项目数、制造业新产品开发经费、制造业新产品产值、制造业新产品产值率、制造业技术创新投入产出系数5个指标作为规模定制能力的衡量指标。

四是绿色发展能力。绿色发展能力是制造业生产过程中解决有限资源与无限需求的矛盾、现实或潜在的污染问题，协调生产活动与资源、环境的关系，保障经济社会可持续发展的能力。当前，传统制造业高投入、高消耗、高污染和低效益的粗放型生产不仅造成能源严重匮乏，而且也造成生态环境急剧恶化。制造业在取得高增加值的同时，其高消耗、高污染排放所带来的资源、环境污染问题也变得极其紧迫和严峻。节约资源、保护环境和生态是实现制造业及经济社会可持续发展的前提，而如何实现资源、环境保护与制造业发展的双赢就显得至关重要。因此，绿色发展能力是制造业“绿色智能化”的不可缺少的目标能力。绿色发展能力主要体现在能源消耗和环境影响上，本书选择制造业能源消耗量、制造业单位产值能源消耗量、制造业煤炭消耗占比、制造业电力消耗量、制造业单位产值电力消耗量、制造业废水排放量、制造业单位产值废水排放量、制造业废气排放量、制造业单位产值废气排放量、制造业固体废物排放量、制造业单位产值固体废物排放量、制造业固废综合利用率12个指标综合衡量绿色发展能力。

五是区域基础支撑能力，绿色智能制造依赖于全社会固定资产的更新升级以及消费能力，依赖于社会的交通物流发展水平，因此，在很大程度上依托于制造业、区域乃至国家的经济实力。较高的区域基础支撑是制造业“绿色智能化”的基本支撑条件。区域基础支撑能力主要体现在经济发展水平和交通运输水平上，本书选取地区生产总值，城镇居民人均可支配收入，农民人均纯收入，制造业投入强度，货运总量，交通运输、仓储和邮政业从业人数占比6个指标来衡量区域基础支撑能力。

六是信息化发展能力，指以云计算、大数据分析、物联网等为代表的信息基础设施建设和信息技术的发展水平，其是“智能化”依托的必不可少的外部条件，因此，信息化发展能力对智能制造能力至关重要。结合当前实际情况，信息化发展能力的衡量主要集中在信息业和互联网的发展水平上，本书选取电信业务收入，信息传输、计算机服务和软件业从业人数占比，互联网宽带接入用户数占比3个指标。

（二）评价指标体系的确立

根据以上制造业绿色智能化竞争力考察的价值创造能力、技术创新能力、规模定制能力、绿色发展能力、区域基础支撑能力、信息化发展能力六个方面的衡量指标，本书建立制造业绿色智能化竞争力的评价指标体系，为评价过去一段时期柳州市制造业绿色智能化竞争力的发展现状打下基础。该指标体系结构分为以下四个层次：目标层（A）、准则层（B）、子准则层（C）、指标层（D），共38个指标如表2－1所示。

表2－1　制造业绿色智能化竞争力评价指标体系

<table>
<tr><th>目标层</th><th>准则层</th><th>子准则层</th><th>指标层</th><th>指标解释</th></tr>
<tr><td rowspan="4">绿色智能制造竞争力评价指标体系（A）</td><td rowspan="4">价值创造能力（B1）</td><td rowspan="2">产值（C1）</td><td>制造业总产值（万元）（D1）</td><td>规模以上制造业企业工业产值之和</td></tr>
<tr><td>制造业总产值占工业总产值的比重（D2）</td><td>制造业总产值/工业总产值</td></tr>
<tr><td>利润（C2）</td><td>制造业企业利润总额（D3）</td><td>规模以上制造业企业利润总额</td></tr>
<tr><td>效率（C3）</td><td>制造业就业人员劳动生产率（D4）</td><td>制造业总产值/规模以上制造业企业就业人员数</td></tr>
</table>

续表

目标层	准则层	子准则层	指标层	指标解释
绿色智能制造竞争力评价指标体系（A）	价值创造能力（B1）	效率（C3）	制造业就业人员人均利润（D5）	制造业企业利润总额/规模以上制造业企业就业人员数
		市场（C4）	制造业产品销售率（D6）	规模以上制造业企业产品销售总收入/制造业总产值
	技术创新能力（B2）	R&D（规模以上工业）（C5）	制造业 R&D 经费支出（万元）（D7）	工业企业 R&D 经费支出总额①
			制造业 R&D 人员全时当量（D8）	工业企业 R&D 人员全时当量总和②
			制造业 R&D 投入强度（D9）	工业企业 R&D 经费支出总额/国内生产总值③
			制造业 R&D 人员占就业人员人数比重（D10）	工业企业 R&D 人员数/规模以上制造业企业就业人员数④
		专利（C6）	制造业专利申请数（D11）	工业企业专利申请数总和⑤
			有效发明专利数（制造业专利拥有数）（D12）	工业企业专利拥有数总和⑥
	规模定制能力（B3）	产品开发（C7）	制造业新产品开发项目数（D13）	工业企业新产品开发项目数总和⑦
			制造业新产品开发经费（D14）	工业企业新产品开发经费总额⑧
		技术转化（C8）	制造业新产品产值（D15）	工业企业新产品产值总额⑨
			制造业新产品产值率（D16）	制造业新产品产值/制造业总产值
			制造业技术创新投入产出系数（D17）	制造业新产品产值/制造业新产品开发经费
	绿色发展能力（B4）	能源消耗（C9）	制造业能源消耗量（万吨标准煤）（D18）	所有制造业能源消耗的总量
			制造业单位产值能源消耗量（吨/万元）（D19）	制造业能源消耗量/制造业总产值
			制造业煤炭消耗占比（D20）	制造业煤炭消耗量/制造业能源消耗量
		电力消耗（C10）	制造业电力消耗量（万千瓦时）（D21）	所有制造业电力消耗的总量
			制造业单位产值电力消耗量（千瓦时/万元）（D22）	制造业电力消耗量/制造业总产值

续表

目标层	准则层	子准则层	指标层	指标解释
绿色智能制造竞争力评价指标体系（A）	绿色发展能力（B4）	废水（工业）（C11）	制造业废水排放量（万吨）（D23）	所有制造业废水排放总量
			制造业单位产值废水排放量（吨/万元）（D24）	制造业废水排放量/制造业总产值
		废气（工业 SO_2）（C12）	制造业废气排放量（吨）（D25）	所有制造业废气（SO_2）排放总量
			制造业单位产值废气排放量（吨/万元）（D26）	制造业废气排放量/制造业总产值
		固体废物（工业粉尘）（C13）	制造业固体废物排放量（吨）（D27）	所有制造业烟（粉）尘排放总量
			制造业单位产值固体废物排放量（吨/万元）（D28）	制造业固体废物排放量/制造业总产值
		综合利用（C14）	制造业固废综合利用率（D29）	一般工业固废综合利用率
	区域基础支撑能力（B5）	经济发展水平（C15）	GDP（亿元）（D30）	地区生产总值
			城镇居民人均可支配收入（元）（D31）	城镇居民人均可支配收入
			农民人均纯收入（元）（D32）	农民人均纯收入
			制造业投入强度（D33）	制造业固定资产投资/全社会固定资产
		交通运输水平（C16）	货运总量（万吨）（D34）	铁路、公路、水运、民航货运总量
			交通运输、仓储和邮政业从业人数占比（D35）	交通运输、仓储和邮政业从业人数/年末单位从业人数
	信息化发展能力（B6）	电信业发展水平（C17）	电信业务收入（万元）（D36）	电信业务收入
			信息传输、计算机服务和软件业从业人数占比（D37）	信息传输、计算机服务和软件业从业人数/年末单位从业人数
		互联网发展水平（C18）	互联网宽带接入用户数占比（D38）	互联网宽带接入用户数/总户数

注：①制造业行业是指全部工业行业去除部分行业剩下部分。去除的行业有：黑色金属矿采选业，有色金属矿采选业，非金属矿采选业，废弃资源综合利用业，金属制品、机械和设备修理业，电力、热力生产和供应业，燃气生产和供应业，水的生产和供应业。②由于柳州“科技活动及相关情况”“R&D 活动及相关情况”中只统计了工业总体情况，未分行业统计；而柳州工业也是以制造业为主体的，因此，①～⑨用工业企业数据替代制造业企业数据。

八、柳州绿色智能制造竞争力的评价与比较分析

（一）数据的获取及标准化处理

考虑到数据的及时性和可得性，本书以2012～2016年为样本期，通过查阅各年度《柳州统计年鉴》《中国城市统计年鉴》等统计资料和文献，经整理和计算得到对柳州绿色智能制造竞争力的评价指标和数据。同时，为了进一步明确柳州绿色智能制造竞争力在全国范围内的相对水平，本书还分别选择制造业较发达的东部城市上海市、西部城市重庆市作为代表，选其2016年的水平进行对比研究，以便从横向比较的角度找出柳州绿色智能制造竞争力存在的问题。

由于该评价指标体系涉及38个具体指标，这些指标的单位不一致，具有不可公度性，因此，必须对这些指标进行标准化处理。本书涉及的指标有正向和逆向两大类，不同类型指标其标准化的方法不一样。考虑评估问

题，设有 m 个待评价对象、n 个评价指标的评估问题，根据评价指标体系的实际情况可以得到如下初始决策矩阵：

$$X = (x_{ij})_{m\times n} \quad (2-1)$$

其中，x_{ij}表示第 i 个对象在第 j 个指标上的状态值。对其进行标准化处理，得到标准化矩阵为：

$$Y = (y_{ij})_{m\times n} \quad (2-2)$$

其中，正向指标的标准化公式为

$$Z_{ij} = \frac{X_{ij} - \min(X_{ij})}{\max(X_{ij}) - \min(X_{ij})} \quad (2-3)$$

而逆向指标的标准化公式为

$$Z_{ij} = \frac{\max(x_{ij}) - x_{ij}}{\max(x_{ij}) - \min(x_{ij})} \quad (2-4)$$

通过上述变换，不仅解决了各指标之间的不可公度性，而且也对各指标进行了正向化处理，有利于进行下一步的比较评价。

（二）指标权重的确立方法

1. 层次分析法

层次分析法（AHP 法）是一种定性与定量相结合的决策分析方法。它是一种将决策者对复杂系统的决策思维过程模型化、数量化的过程。应用这种方法，决策者通过将复杂问题分解为若干层次和若干因素，在各因素之间进行简单的比较和计算，就可以得出不同方案的权重，为最佳方案的选择提供依据。它可用于复杂的非结构化的问题以及多目标、多准则、多时段等各种类型问题的决策分析，具有较广泛的实用性。运用该方法的关键是确定指标体系的比较判断矩阵。本书主要依据专家打分结果，并结合新型制造业体系的内涵确定各层级指标的比较判断矩阵。

2. 熵权法

层次分析法属于主观评价法，因而所确定的权重易受专家主观评判的影响，可能会出现偏差。为弥补这一不足，本书进一步采用熵权法为各指标确定权重。熵权法也是进行多指标综合评价的一种重要方法，它根据客观环境的原始信息，通过分析各指标之间的关联程度及各指标所提供信息量客观地为各指标赋权，避免主观因素造成的偏差。该方法的基本思想是：对某项指标，如果各单位的指标值差异越大，则该指标在综合评价中所起作用越大；如果各单位的指标值相同，则该指标在综合评价中不起作用。

3. 综合权重的确定

本书为了规避层次分析法的主观性问题，一方面采用 5 位专家同时打分，用其平均分来构造判断矩阵，弱化了个人主观不确定性问题；另一方面采用层次分析法和熵权法相结合的方法来确定指标的综合权重。这样既可以体现评价者的决策意愿，又可以避免评价者的主观意愿与实际情况的偏差，同时还可以充分利用原始数据。

结合采用层次分析法和熵权法经几何平均法计算确定综合权重，公式如下：

$$W_j = (W_{1j} \times W_{2j})^{\frac{1}{2}} \Big/ \sum_{i=1}^{n} (W_{1j} \times W_{2j})^{\frac{1}{2}} \qquad (2-5)$$

其中，j 表示指标个数，W_j 表示第 j 个指标的综合权重。制造业绿色智能化竞争力评价指标体系权重如表 2－2 所示。

表 2-2　制造业绿色智能化竞争力评价指标体系权重

目标层	准则层	子准则层	指标层	AHP 权重	熵权重	综合权重
绿色智能制造竞争力评价指标体系（A）	价值创造能力（B1）	产值（C1）	制造业总产值（万元）（D1）	0.006	0.035	0.018
			制造业占工业总产值比重（D2）	0.013	0.017	0.018
		利润（C2）	制造业企业利润总额（D3）	0.042	0.045	0.053
		效率（C3）	制造业就业人员劳动生产率（D4）	0.022	0.015	0.021
			制造业就业人员人均利润（D5）	0.107	0.021	0.057
		市场（C4）	制造业产品销售率（D6）	0.059	0.017	0.038
	技术创新能力（B2）	R&D（规模以上工业）（C5）	制造业 R&D 经费支出（万元）（D7）	0.023	0.041	0.037
			制造业 R&D 人员全时当量（D8）	0.089	0.037	0.070
			制造业 R&D 投入强度（D9）	0.117	0.017	0.054
			制造业 R&D 人员占就业人员数比重（D10）	0.066	0.016	0.040
		专利（C6）	制造业专利申请数（D11）	0.020	0.047	0.037
			有效发明专利数（D12）	0.078	0.052	0.077
	规模定制能力（B3）	产品开发（C7）	制造业新产品开发项目数（D13）	0.034	0.044	0.046
			制造业新产品开发经费（D14）	0.067	0.041	0.063
		技术转化（C8）	制造业新产品产值（D15）	0.007	0.034	0.018
			制造业新产品产值率（D16）	0.012	0.016	0.017
			制造业技术创新投入产出系数（D17）	0.032	0.014	0.026
	绿色发展能力（B4）	能源消耗（C9）	制造业能源消耗量（万吨标准煤）（D18）	0.002	0.024	0.008
			制造业单位产值能源消耗量（吨/万元）（D19）	0.010	0.013	0.013
			制造业煤炭消耗占比（D20）	0.003	0.015	0.008
		电力消耗（C10）	制造业电力消耗量（万千瓦时）（D21）	0.002	0.036	0.009
			制造业单位产值电力消耗量（千瓦时/万元）（D22）	0.003	0.018	0.009

续表

目标层	准则层	子准则层	指标层	AHP 权重	熵权重	综合权重
绿色智能制造竞争力评价指标体系（A）	绿色发展能力（B4）	废水（C11）	制造业废水排放量（万吨）（D23）	0.001	0.029	0.006
			制造业单位产值废水排放量（吨/万元）（D24）	0.004	0.016	0.010
		废气（C12）	制造业废气排放量（吨）（D25）	0.001	0.026	0.007
			制造业单位产值废气排放量（吨/万元）（D26）	0.006	0.015	0.011
		固体废物（C13）	制造业固体废物排放量（吨）（D27）	0.002	0.018	0.008
			制造业单位产值固体废物排放量（吨/万元）（D28）	0.007	0.012	0.011
		综合利用（C14）	制造业固废综合利用率（D29）	0.021	0.016	0.022
	区域基础支撑能力（B5）	经济发展水平（C15）	GDP（亿元）（D30）	0.002	0.040	0.010
			城镇居民人均可支配收入（元）（D31）	0.001	0.020	0.005
			农民人均纯收入（元）（D32）	0.001	0.023	0.006
			制造业投入强度（D33）	0.004	0.019	0.011
		交通运输水平（C16）	货运总量（万吨）（D34）	0.005	0.036	0.016
			交通运输、仓储和邮政业从业人数占比（D35）	0.019	0.023	0.025
	信息化发展能力（B6）	电信业发展水平（C17）	电信业务收入（万元）（D36）	0.015	0.043	0.031
			信息传输、计算机服务和软件业从业人数占比（D37）	0.060	0.030	0.051
		互联网发展水平（C18）	互联网宽带接入用户数占比（D38）	0.038	0.020	0.033

（三）柳州绿色智能制造竞争力评价测算与比较分析

确定综合权重之后，可以计算出样本城市绿色智能制造竞争力的各项核心能力水平和总水平。其中，各项能力水平（CA_{ik}）为：

$$CA_{ik} = \sum_{j=n_{k0}}^{n_k} Z_{ij}W_{ij} \quad (2-6)$$

绿色智能制造竞争力总水平（$GINC_i$）为：

$$GINC_i = \sum_{k=1}^{6} CA_{ik} = \sum_{j=1}^{38} Z_{ij}W_j \quad (2-7)$$

其中：i=1，2，3，4，5，6，7 分别表示柳州市 2012 年、2013 年、2014 年、2015 年、2016 年，上海市 2016 年，重庆市 2016 年这 7 个研究对象；CA_{ik}代表第 i 个研究对象的第 k 方面的能力水平（k=1，2，3，4，5，6，分别表示价值创造能力、技术创新能力、规模定制能力、绿色发展能力、区域基础支撑能力、信息化发展能力）；n_k、n_{k0}分别为第 k 方面能力水平的起始指标序号和最终指标序号；j=1，2，…，38 表示对绿色智能制造竞争力进行评价的 38 个具体指标；Z_{ij}是第 i 个研究对象的各个评价指标的标准化值；$GINC_i$ 是第 i 个研究对象绿色智能制造竞争力相对水平（$0 \leqslant GINC_i \leqslant 1$）。

1. 柳州绿色智能制造竞争力的发展趋势分析

根据以上方法，笔者测算了 2012～2016 年柳州市绿色智能制造竞争力及各项核心能力相对水平。下文将借助于这些指标的发展趋势，从纵向比较的角度分析自2012年以来柳州绿色智能制造的特点和问题。

（1）柳州绿色智能制造竞争力在波动中上升。

由图2－1可以看出，2012～2016年柳州绿色智能制造竞争力水平整体呈现上升趋势。这得益于柳州在“十二五”期间，面对国内外发展环境复杂多变，主动适应经济发展新常态，大力实施“实业兴市，开放强柳”战略，通过推动产业结构升级、优化工业布局、转变工业发展方式、加速信息化发展、完善支撑体系建设等一系列的有效措施，增强了制造业企业自主创新的动力，促进了制造业转型升级，提高了企业核心竞争力，使柳州绿色智能制造竞争力水平得到较稳定的提升。不过从2015年开始出现连续两年的小幅回落，也说明当前柳州制造业改革进入深水区，如何突破改革的“瓶颈”，实现制造业华丽转身是当前亟待解决的问题。

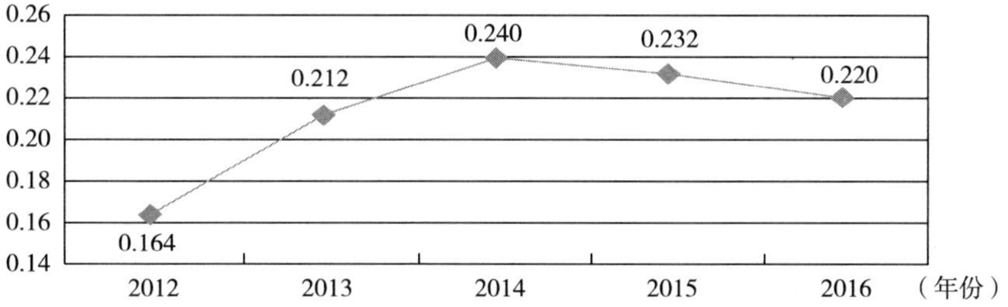

图2－1　2012～2016年柳州智能制造竞争力发展趋势

（2）六方面能力对柳州绿色智能制造竞争力的贡献各不相同。

一方面，六方面能力对柳州绿色智能制造竞争力水平的绝对贡献差距明显。由上述绿色智能制造竞争力测算的方法，得到的柳州市2012～2016年六个方面能力水平（CA_{ik}）和绿色智能制造竞争力（$CINC_i$）。可得各方面能力对柳州市绿色智能制造竞争力水平的贡献率：

$$CAR_{ik} = \frac{CA_{ik}}{GINC_i} \tag{2-8}$$

其中，i=1，2，3，4，5 分别表示 2012 年、2013 年、2014 年、2015 年、2016 年；CA_{ik}代表柳州市第 i 年的第 k 方面的能力水平（k=1，2，4，5，6，分别表示价值创造能力、技术创新能力、规模定制能力、绿色发展能力、区域基础支撑能力、信息化发展能力）。

将各年贡献率（CA_{ik}）平均后可得到各能力对柳州市绿色智能制造竞争力的年平均贡献率，如图 2－2 所示。从各能力的年平均贡献率来看，绿色发展能力贡献最大，达 1/3 以上；其次是技术创新能力、价值创造能力、规模定制能力，它们的贡献均在 15% 以上，且技术创新能力以 22% 的贡献率在其中居首位，贡献率最小的规模定制能力也达 15.24%；而区域基础支撑能力和信息化发展能力的拉动力量最弱，均在 5% 以下。

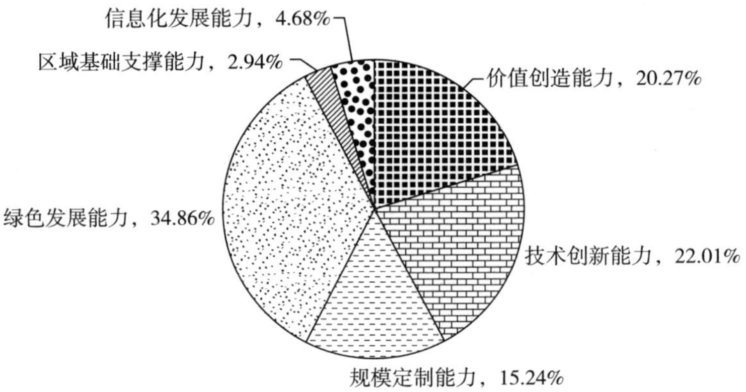

图 2－2　2012～2016 年各能力对柳州智能制造竞争力平均贡献率

另一方面，六方面能力对柳州绿色智能制造竞争力水平增长的贡献显著不同。将 2016 年相对于 2012 年各项方面能力的增长量与柳州绿色智能制造竞争力水平的增长量相比，可得到各方面能力对柳州绿色智能制造竞争力水平增长的贡献率，具体结果如图 2－3 所示：

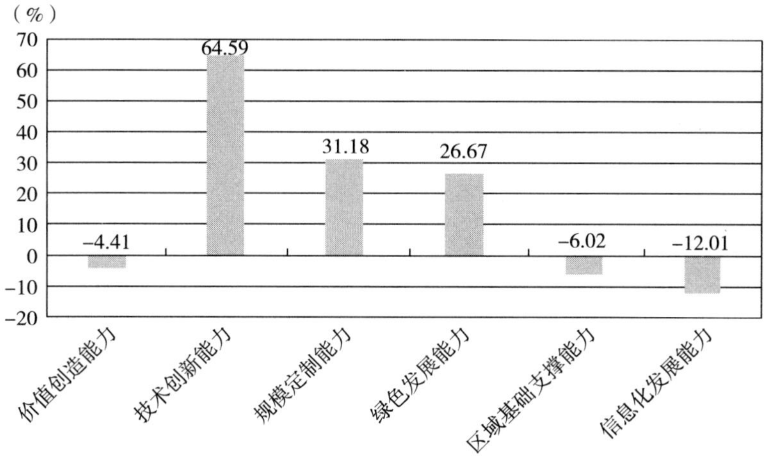

图 2－3　2012～2016 年六方面能力对柳州绿色智能制造竞争力水平增长的贡献率

从图 2－3 可以看出，技术创新能力、规模定制能力、绿色发展能力是推动了柳州绿色智能制造竞争力水平提升的三大主力，其中，技术创新能力的拉动作用最大，其对竞争力水平增长的贡献率接近 65%，规模定制能力的作用紧随其后，绿色发展能力对发展水平增长的拉动作用也达到 26% 以上；而价值创造能力、区域基础支撑能力和信息化发展能力则阻碍了柳州绿色智能制造竞争力水平的提升，特别是信息化发展能力相对下降，对柳州绿色智能制造竞争力水平增长的抑制作用较大。

综上所述，2012～2016 年影响柳州绿色智能制造竞争力的六方面能力发挥作用各不相同，其中技术创新能力、绿色发展能力、规模定制能力无论是在竞争力绝对水平上还是在增长方面的贡献上都起到了积极的拉动作用，绿色发展能力在绝对水平上的贡献最高，技术创新能力在增长方面拉动作用最大；价值创造能力在竞争力绝对水平上是显著的促进作用，而在增长方面则呈现抑制作用；区域基础支撑能力、信息化发展能力在竞争力绝对水平方面的贡献较弱，在增长方面显示明显的抑制作用，特别是信息化发展能力的阻碍作用最强。

（3）价值创造能力略有下降。

2012～2016年，柳州制造业价值创造能力对绿色智能制造竞争力水平的贡献紧随技术创新能力之后，位居第三，其在2012～2014年经历了一个较快上升阶段后，在2015年、2016年又逐步回落，最终呈现稳中略降的态势（见图2－4），制造业企业利润总额增长缓慢甚至部分年份大幅下滑是阻碍价值创造能力提升的主因。从柳州制造业结构来看，截至2016年，柳州市三大支柱产业——汽车、冶金、机械总产值占到制造业总产值的78%，其中，汽车制造业就占到了53%，制造业仍以资本密集型的重化工业为主体；而节能环保、下一代通信技术、生物、高端装备制造和新材料等新兴产业产值占比都在5%以下。从产业发展效益来看，柳州占据制造业半壁江山的汽车产业总产量虽然已在2015年跻身国内前三，但存在企业总体规模偏小、产品档次偏低等问题。当前，柳州市重化工业的信息化、工业化融合水平不高和新兴产业发展不足，导致制造业利润增长乏力甚至下降，也直接造成价值创造水平止步不前甚至下降。

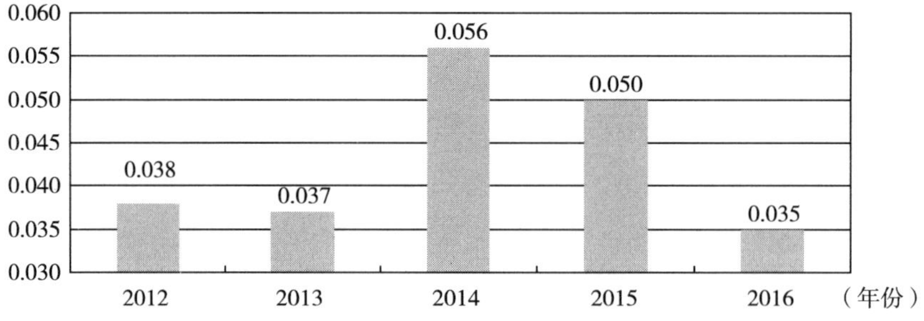

图2－4　2012～2016年柳州制造业价值创造能力发展趋势

（4）技术创新能力显著提升。

与价值创造能力相似，2012～2016年柳州制造业技术创新能力也是在

2014 年达到最高后回落，但整体提升幅度明显，由 2012 年的 0.007 上升到 2016 年的 0.043，如图 2 –5 所示。这也造就了技术创新能力不仅是柳州绿色智能制造竞争力水平贡献第二大的因素，也是拉动绿色智能制造竞争力水平的第一大因素。2011 ~2015 年，柳州市先后出台了《“创新驱动转型升级，工业再上新台阶”三年计划的决定》《柳州市人民政府关于柳州国家高新技术产业开发区建设创新型特色园区的若干意见》《柳州市专利申请资助及奖励办法》等一系列政策和举措，提升了制造业企业创新动力，在研发（R&D）投入方面有了较大的提升，虽然受产业结构调整的影响出现了波动，但总体上仍使制造业服务集成能力得到了稳定、大幅度的提升。

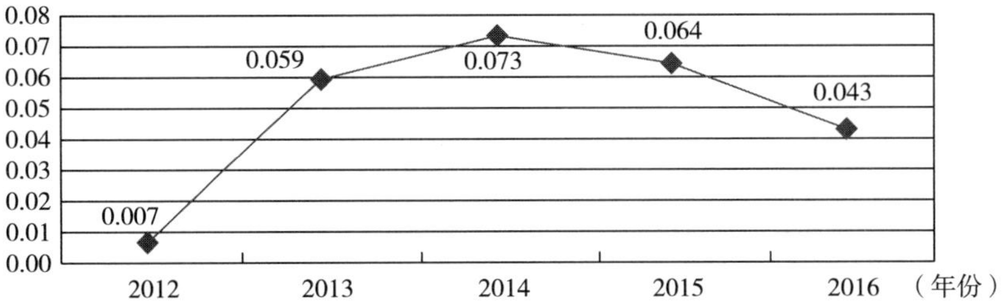

图 2 –5　2012 ~2016 年柳州制造业技术创新能力发展趋势

（5）规模定制和绿色发展能力稳步提升。

如图 2 –6 所示，2012 ~2016 年，柳州制造业规模定制能力和绿色发展能力均呈现稳定增长趋势，但两者对提升柳州绿色智能制造竞争力的作用却不尽相同。

绿色发展能力对柳州绿色智能制造竞争力水平的贡献作用最大，对竞争力水平增长的拉动作用也仅次于技术创新能力和规模定制能力，位居第三。柳州市在“十二五”初期，先后出台了《柳州市环境保护“十二五”

规划》《柳州市“十二五”节能减排综合性工作方案》等政策性文件，在“十一五”期间取得的主要污染物排放总量下降和环境质量持续改善的成果基础上，通过实施重点工业企业和城镇污染治理工程、强化和完善建设项目环保审批、从严从紧控制低水平重复建设和产能过剩项目建设、加快淘汰落后产能、推行重点企业清洁生产审核、强化执法监管，二氧化硫等主要污染物总排放量得到了有效控制，排污强度明显下降。这些政策措施的有效实施，保证了柳州制造业绿色发展能力的平稳增长。

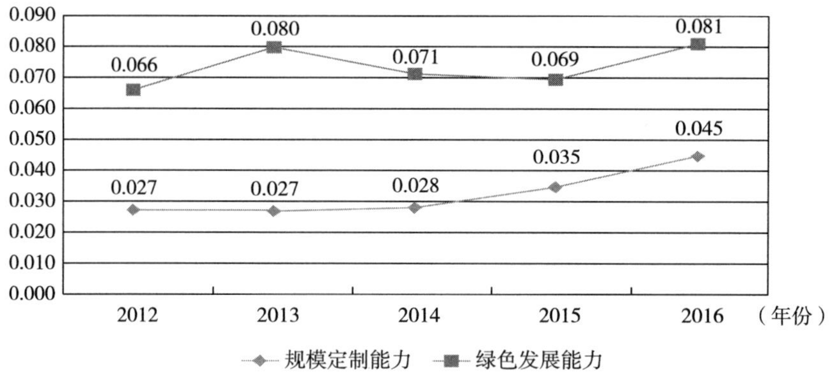

图 2－6　2012～2016 年柳州制造业规模定制能力和绿色发展能力发展趋势

规模定制能力在 2012～2016 年取得稳步增长的良好态势，表明柳州主要制造业企业意识到了在互联网背景下企业新产品开发能力的重要性，比较注重产品创新，但由于基础比较薄弱，增长比较缓慢，对柳州绿色智能制造竞争力的作用弱于绿色发展能力、技术创新能力和价值创造能力，对绿色智能制造竞争力增长的拉动作用比技术创新能力小。究其原因，主要有两个方面：一方面，在国内大环境下，制造业企业利用互联网促进产业转型升级的商业模式还不够成熟。较长一段时期，我国制造业企业虽通过互联网设施创设了平台，集聚了大批社群消费者，但还未能实现广泛地使用大数据处理技术等挖掘和汇聚顾客的碎片化信息来开展大规模客户化定制，导致大规模定制并不普遍；另一方面，柳州市制造业新产品开发的起点较低，规模较小。由表 2－3 可知，从柳州、重庆、上海三市 2016 年新产品开发规模比较的情况来看，制造业新产品产值方面柳州市与其他两个城市的差距最小，但也只约为重庆的 1/4、上海的 1/6；而在制造业新产品开发项目数和开发经费投入两个方面都差距较大，均不足上海的 1/10。

表 2－3　2016 年柳州、重庆、上海三市新产品开发规模比较

	柳州	上海	重庆
制造业新产品开发项目数（项）	969	17472. 90158	9206
制造业新产品开发经费（亿元）	41. 14	622. 77	301. 59
制造业新产品产值（亿元）	1281. 93	7794. 49	4721. 31

资料来源：《上海统计年鉴（2017）》《重庆统计年鉴（2017）》《柳州统计年鉴（2017）》。

（6）区域基础支撑能力和信息化发展能力均呈现下降趋势。

由图 2－7 可以看出，2012～2016 年柳州制造业信息化发展能力先降后升，区域基础支撑能力持续缓慢下降，整体均呈现相对下降趋势。

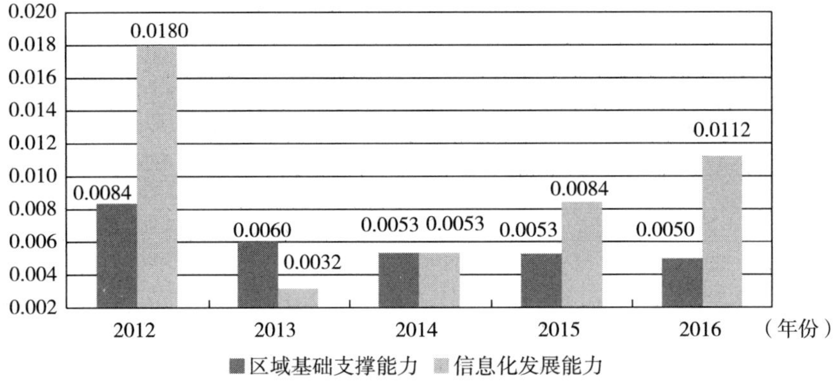

图 2－7　2012～2016 年柳州制造业区域基础支撑能力和信息化发展能力发展趋势

一方面，近几年经济发展的差距在拉大导致区域基础支撑能力相对下降。虽然改革开放以后柳州历届市领导班子都高度重视经济发展，也在21世纪初经济获得了快速增长，特别是工业发展迅猛，但进入“十二五”以后，伴随着经济结构转变逐步深入，加上柳州无明显区位优势，经济发展步伐显著放缓，与先进城市的差距呈现扩大趋势。这一点从柳州与上海、重庆2012年和2016年的地区生产总值对比中可见一斑（见图2－8）。柳州地区生产总值虽然在2016年达到2476.94亿元，比2012年增长了656.33亿元，但上海2012年的地区生产总值是柳州的11.09倍，到2016年这一数字扩大到11.38倍；重庆2012年的地区生产总值是柳州的6.27倍，2016年是柳州的7.09倍。

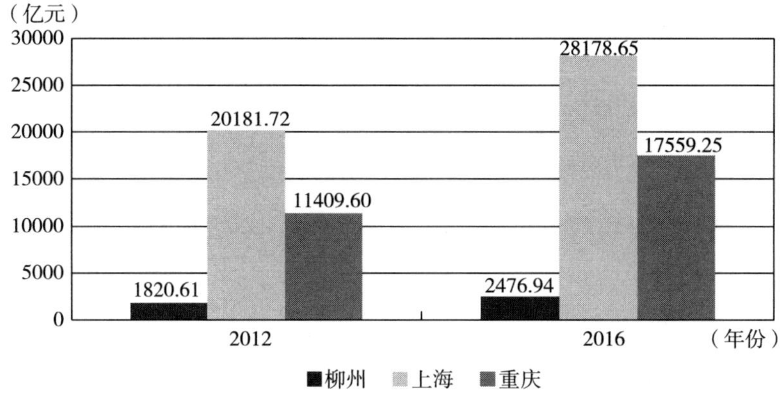

图2－8　柳州、上海、重庆2012年和2016年地区生产总值对比

另一方面，受制于技术发展缓慢，柳州信息化发展水平较低。由于柳州地处西部内陆城市，受东部沿海发达城市产业和技术辐射较少，因此以先进技术为核心的新兴信息技术发展相对落后，这也直接导致柳州信息化发展能力相对下降。

2. 柳州绿色智能制造竞争力与国内发达城市的比较分析

为了更好地探析当前柳州绿色智能制造竞争力在国内的总体发展水平及其存在的差距，本书进一步选取了东部制造业发达城市上海市和西部制造业发达城市重庆市为比较对象，以2016年为观察期，在同一个评价指标体系下进行比较。从图2－9的比较结果来看，2016年柳州市绿色智能制造竞争力水平不但远远落后于东部发达的上海市，而且与西部制造业发达的龙头城市重庆市相比也存在不小的差距，竞争力水平仅为其1/2。

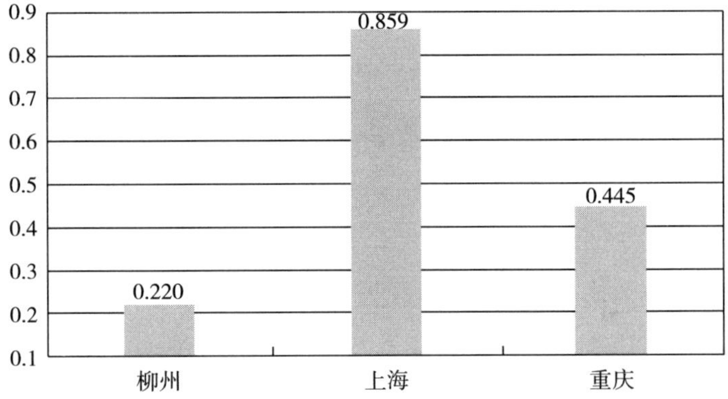

图2－9　2016年柳州、上海、重庆三市绿色智能制造竞争力水平比较

图2－10则进一步报告了柳州市与上海市、重庆市在价值创造能力、技术创新能力、规模定制能力、绿色发展能力、区域基础支撑能力、信息化发展能力六个方面的比较结果。

一方面，绿色发展能力比上海市和重庆市略高。柳州市历年来一直重视贯彻落实工业可持续发展、绿色发展原则，尤其是近些年紧紧围绕转变经济发展方式，出台了一系列培育和发展低能耗、低排放、高效益、高技术含量的绿色产业措施，实施了一批绿色循环低碳项目，使绿色生态和集约集聚型现代工业体系初现雏形，产业结构优化升级不断推进，从而保证了柳州绿色发展能力不仅相对于自身在不断提升，而且与国内先发工业化城市相比也不逊色。

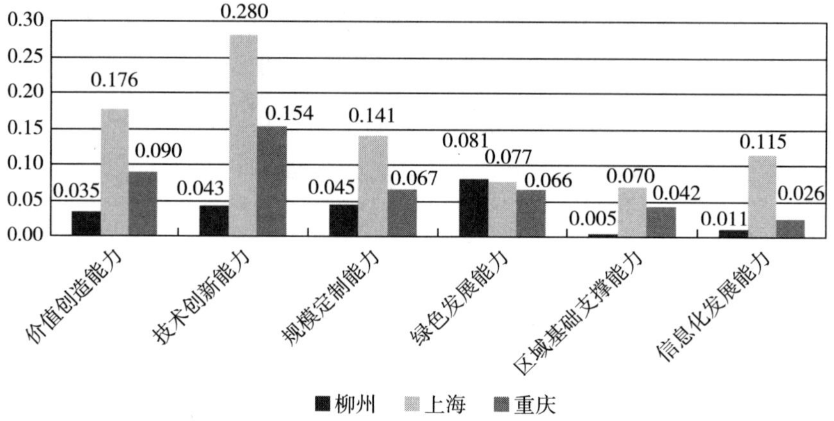

图 2－10　2016 年柳州、上海、重庆三市绿色智能制造竞争力六方面能力的比较

另一方面，其他五个方面的能力与国内先发工业化城市差距较大。一是区域基础支撑能力和信息化发展能力的差距尤为明显。这主要是由于柳州市经济体量较小，自身技术创新能力较弱，而接受中心发达城市辐射带动的渠道缺乏，造成经济发展相对缓慢，与信息技术相关产业发展相对落后，逐步拉大了与发达城市的差距。二是价值创造能力、技术创新能力、规模定制能力也存在不同程度的差距。究其原因，主要有：①制造业规模相对较小。2016 年柳州市制造业总产值约为上海市的 1/6，重庆市的 1/5，制造业总体规模远小于上海市、重庆市这些制造业发达的城市，这就导致了企业集聚化、规模化程度以及产品开发项目数、新产品产值远低于其他城市，价值创造能力和规模定制能力有待提升。②制造业创新绩效相对较低。近年来，柳州市在创新政策进一步完善、创新环境明显优化的激励下，制造业企业在 R&D 投入方面增长较快：2016 年柳州市制造业 R&D 投入强度和 R&D 人员占就业人员人数比重分别为 1.6%、4.6%，高于重庆市的 1.4% 和 4.2%，但在以专利为代表的创新绩效方面表现却不尽理想。从表 2－4 可以看出，柳州市制造业每万元 R&D 经费支出的专利申请数和有效发明专利数均不到重庆市的 1/3，这说明柳州市在产业创新的投入—产出绩效方面与国内发达城市相比还存在较大差距。

表 2－4　2015 年柳州市和重庆市每万元 R&D 经费支出取得专利成果的比较

指标项目＼城市	柳州市	重庆市
每万元 R&D 经费支出的制造业专利申请数	0.0048	0.0162
每万元 R&D 经费支出的有效发明专利数	0.0039	0.0135

资料来源：《柳州统计年鉴（2017）》《重庆统计年鉴（2017）》。

由以上分析可以看出，2012～2016 年柳州绿色智能制造竞争力水平有所提升，但无论是与东部先进制造业城市相比，还是与西部制造业发达的城市相比，都存在不小的差距。从具体能力比较来看，除了绿色发展能力具有一定的竞争力之外，价值创造能力、技术创新能力、规模定制能力、区域基础支撑能力和信息化发展能力五个方面都存在较大差距。因此，在“十三五”期间，柳州市在保持绿色发展能力平稳增长的同时，必须加快这五个方面能力提升的步伐，加快构建现代制造业体系，提升绿色智能制造竞争力，才能赶超西部制造业强市，勇追东部发达城市，保持并增强制造业优势。

九、提升柳州绿色智能制造竞争力的路径

在环境污染问题日益突出、互联网和信息技术不断成熟的条件下，经济发展对制造业可持续发展提出了新的要求：经济可持续性、环境可持续性、发展条件可持续性。其中，经济可持续性要求制造业不仅要具备当前较强的价值创造能力，还必须具备敏锐的需求辨识能力和及时的个性化服务能力，并能随着市场需求的变化及时进行革新，形成价值创造能力、技术创新能力、规模定制能力；环境可持续性要求制造业的发展必须不以影响破坏环境为代价，能与自然环境协调发展，形成绿色发展能力；发展条件可持续性指制造业的发展不仅依赖于传统的区域配套基础设施、培养或吸引人才的条件，在“互联网+”时代更要提高区域信息技术及平台的发展与建设水平，形成区域支撑能力和信息化发展能力。因此，当前任何区域制造业要想在激烈的市场竞争中占据一席之地，提升绿色制造竞争力即制造业绿色智能化是必然的选择。而柳州市作为西南地区工业重镇、广西第一大工业城市、中国五大汽车城之一，具备良好的制造业基础，柳州市制造业绿色智能化不仅有利于继续发挥制造业优势，深化“实业兴市”的发展战略，也有利于实现产业集聚、要素集聚、人口集聚的西江经济带龙

头城市和万亿工业城市建设目标。

柳州市绿色智能制造竞争力提升的关键路径，在于围绕价值创造能力、技术创新能力、规模定制能力、绿色发展能力、区域基础支撑能力、信息化发展能力六个内涵能力，通过智能化、高端化、服务化、绿色化、协同化、信息化的措施，多管齐下，促进柳州制造业绿色智能化发展，如图2－11 所示。

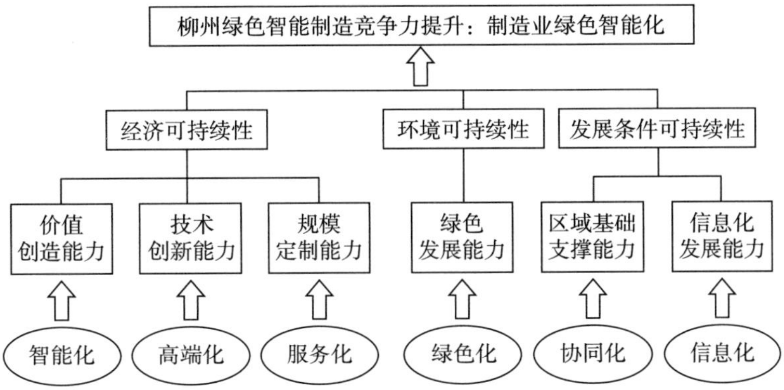

图 2－11　柳州绿色智能制造竞争力提升路径

（一）智能化

制造业智能化指发展智能装备和智能产品，生产方式向柔性、智能、精细转变，通过全面提升企业研发、生产、管理和服务的智能水平，提高制造业生产效率和价值创造能力。着力推进智能制造发展，是柳州市夯实工业基础、加快转型升级、激发经济活力、赢取发展先机、打造万亿工业强市的重要举措。

一是推进产品生产的智能化。鼓励企业结合自身实际逐步推进生产性的自动化、数字化、智能化改造，推进离散型智能制造、流程型智能制造、网络协同制造、大规模个性化定制、服务型制造等智能制造新模式、新业态的推广应用。以50个智能制造示范项目为抓手，建设一批数字化车间和智能工厂，鼓励有条件的骨干企业在建设自动化生产线的基础上，应用先进装备与管控技术，提高生产设备的数据采集、信息传递、智能分析和决策反馈能力，实现全工业流程的自动化、数字化和智能化管控。

二是推动智能制造装备的本地化。全面改造传统产业制造体系，有针对性地实施“机器换人、设备换芯、生产换线”专项计划。要借助柳州工程机械良好的发展基础，着力突破高档数控机床与工业机器人、增材制造业装备、智能传感和控制装备等关键技术装备瓶颈，加快智能制造关键零部件研发，大力发展智能制造装备及成套系统，实现智能装备的本地化。

三是构建智能制造协作平台。要以智能制造技术资源共享、智能制造产业协同发展为目标，建设并完善一批服务本地的智能制造公共合作平台，为制造业企业提供智能制造展示、整套智能化改造咨询与实施、智能设备融资租赁、合作交流以及智能制造技术人才培养等服务。

四是加快智能制造产业集聚。以广西智能制造城建设为契机，围绕智能电网、高端装备制造、轨道交通产业化、新能源汽车、建筑产业化等领域，依托柳东新区、北部生态新区推进智能汽车产业园、智能装备产业园和工业机器人产业基地建设，完善智能汽车、智能电网、工业机器人全产业链布局，积极促进智能制造与“互联网 +”新一代信息技术深度融合，打造区域知名的智能制造城市。

（二）高端化

高端化包含三层含义：一是指制造业企业改进产品性能，提高产品附加值；二是指制造业企业拓展服务范围，由加工制造向前端产品设计服务、后端产品市场营销、售后服务拓展，延长获利链条；三是指制造业淘汰落后产业，积极培育和发展高技术含量、高附加值、强竞争力的行业。这三种高端化的方式都是以技术进步为推动力的，而当前柳州技术水平整体较低，大部分企业创新动力不足，破解这一难题可以采取“以点带面”方法。在区域内部着力培育打造“舵手”型企业和智能制造工厂，通过智能化管理水平高、创新能力强、市场竞争和产业整合能力强的“舵手型”企业的引领和示范作用，带动全产业链的创新和协同发展，提升智能制造的技术创新能力。结合柳州当前制造业结构有待优化、创新能力有待提高的突出问题，以有基础、有能力的重点行业、企业为切入点，以点带面促进全社会创新是有效途径。鉴于柳州市在汽车、机械、钢铁、化工等产业发展的良好基础，可以着重选择新能源汽车、智能控制、机器人、智能电网、高性能金属材料、铝深加工、石墨烯等领域龙头企业或以具备一定创新基础的企业作为重点支持对象，支持和鼓励相关企业建设高水平技术中心、工程研究中心，与科研院所共建产学研战略联盟，支持企业开展技术创新、新产品研发活动，力争在这些领域取得技术突破。一方面，直接带动智能汽车、智能电网、工业机器人等全产业链的技术进步和协同发展；另一方面，以其示范作用推动制造业企业形成“大众创新”的氛围。

（三）服务化

服务化是指制造业和生产性服务业融合发展，制造企业延伸服务链条、增加服务环节、注入柔性生产要素，由生产型向生产服务型转变，是制造业适应当前终端市场需求日益占据价值链主导地位，并由物品本身转向物品—服务包的变化，创造新的竞争优势、增加经济收益、发展规模定制的有效途径。

制造业服务化不仅要求大中型骨干制造企业从主要生产、销售产品向主要提供系统集成服务、整体解决方案转变，更要求配套、深入发展生产性服务业。要推动柳州制造业从长期以来依靠消耗资源等刚性投入、扩大生产规模的增长方式向更多依靠创新、知识等柔性资源投入、不断丰富发展内涵和提高产品的附加值转型，向增强自主创新能力，形成自主知识产权的自有品牌化生产转型，从原来的“引进来”为主向“引进来”与“走出去”并重转型，必须跳出制造业，到服务业特别是生产性服务业领域来寻找答案。柳州市提升制造业服务化的过程，实质上就是补偿性发展生产性服务业并使其作用日益增强的过程，也是从第二产业主导向二三产业共同主导城市经济跨越的过程。应瞄准柳州制造业转型升级的前沿“热点”和关键“痛点”，重点集聚发展面向制造业的工业设计服务、现代信息技术服务、产业金融服务、总部经济、电子商务、物流服务等高级生产性服务业，构建辐射周边区域的生产性服务业多样化集聚高地。

一是发展工业设计服务业。柳州市要围绕产业创新发展能力提升，以上汽通用五菱、柳工集团等骨干制造企业的研发设计体系（国家级工业设计中心）为基础，重构研发区段价值网络，建立和完善一批基础性、开放性、商业性的工业设计和科技研发服务企业（机构），打造立足柳州、面向广西、辐射华南及西南经济圈域的汽车与智能制造先行研发区和工业设计中心。

二是发展现代信息技术服务业。积极培育“互联网+”服务业，推进服务业业态创新，加快拓展新领域、发展新业态、形成新热点，重视发展软件和信息服务业等新兴服务业，培育一批“众创、众包、众筹”的新一代信息技术服务企业，促进移动互联网、云计算、大数据分析、物联网等新一代信息技术与制造业融合创新，构建创新服务云平台、大规模智能定制平台等载体，促进产业转型升级。

三是发展产业金融服务业。完善支持柳州市支柱产业和主导产业科技创新的银行服务体系和业务模式，围绕汽车、机械、智能制造等重点产业（链）特点，增加基于知识产权、专利、技术创新、虚拟供应链网络的新型融资服务。成立柳州科技信用担保基金，培育优质科技金融服务项目。积极吸引国内外证券公司在柳州市设立区域业务管理总部，吸引风险投资公司、资产管理公司、股权投资基金在柳州设立经营机构，为柳州市众多特色制造企业的资本运营提供财务顾问增值服务。积极创新供应链金融运作模式，形成由产业企业所主导的，金融机构、制造企业、服务企业、公共服务部门互依共存、各司其职的供应链金融网络生态圈。

四是发展国际产业合作型总部经济。在输出具有竞争力的丰富产能基础上，打造面向东盟的节点城市总部基地。引进和集聚先进的商务、咨询、贸易、金融、研发等服务企业和服务要素，进一步有针对性地优化柳州市制造企业参与国际合作的总部服务职能，提升资源国际化配置效率，将产能合作转变为产业合作，再将产业合作向联合市场营销、品牌培育、联合设计、协同研发等高端服务环节拓展，以总部经济助推柳州制造企业升级成为新型包容性全球价值链的链主。

五是发展电子商务服务业。鼓励和支持柳州市汽车（含零部件）、钢铁、机械等支柱产业的骨干企业与阿里巴巴等主流电商企业深层次联合打造若干嵌入柳州市产业情境的行业类（垂直类）电商服务平台（企业）、第三方工业电商服务平台（企业），形成集网上交易、加工配送、大数据分析于一体的综合服务功能，为供应链上下游企业提供仓储、加工、金融、物流等在内的交易支持服务，推动支柱产业精准对接供需，创新去库存、去产能、降成本、育品牌的手段和模式，构建全产业链电商平台，促进支柱产业转型升级。

六是发展物流服务业。充分发展第三方物流（3PL），重点新建一批现代物流中心项目，为各制造业园区、工业新区及其企业提供更为优质、高效的仓储、配送、水陆联运等物流服务。鼓励桂中海迅等骨干由第三方物流公司（3PL）向第四方物流公司（4PL）转型升级，培育高端物流系统集成商，充分运用信息化与供应链管理等先进技术，与核心制造企业及上游原材料供应商、下游销售商建立战略联盟，提升基于集群式供应链网络的物流服务解决方案的设计能力，指导第三方物流公司的配送执行，实现面向区域范围内的供应网链协调运行。

（四）绿色化

绿色化指推广应用节能环保技术、工艺、装备，推行清洁生产，强化产品全生命周期绿色管理，提升绿色生产能力。树立和践行“绿水青山就是金山银山”的理念，以“绿色 + 产业”夯实柳州市生态文明建设基础。

一是推进绿色制造业发展，构建绿色、低碳、可循环的产业体系，大力发展低能耗、低排放、高效益、高科技的新型制造业，努力培育和壮大一批可持续发展的特色优势产业，推动绿色产品、绿色工厂、绿色园区和绿色供应链的全面、系统、协调、可持续发展。重点发展智能制造、智能电网、新能源和清洁能源汽车等新型生态产业，改造提升化工、建材等传统产业，发展壮大节能环保产业、清洁生产产业、清洁能源产业。大力发展低碳循环体系，推进国家循环经济示范城市建设。二是推进绿色服务业发展，围绕智能制造、节能环保、新能源、新材料、锂电及电动汽车等战略性新兴产业，大力发展关联配套的生产性服务业，形成要素齐全、功能齐备、设施完善、服务到位的现代服务业，促进传统服务业向中高端、集约型、智慧型的绿色服务业转型升级，努力创建全区首个发展绿色金融的试点城市。

（五）协同化

协同化是指区域社会经济发展与制造业发展同步。由于制造业发展依赖于当地的资本投入、人才供给、基础设施发展以及相关文化制度支持，因此，区域政策引导、相关配套支持是柳州市提升绿色智能制造能力的客观基础。一是增加智能制造投资。引导和推动金融机构进行制度和产品创新，分散智能制造投资风险，并结合柳州市中小企业众多的特点，创新中小企业融资渠道和融资产品，确保企业向智能制造升级改造的资本投入。二是积极培养和引进智能制造人才。一方面，积极利用广西科技大学、鹿山学院等本地高等院校的高等人才培养便利条件，培养大批适应柳州智能制造发展的机械设计、工业机器人、大数据分析、软件开发、电子商务、互联网金融、管理咨询等中高端青年技术、技能性人才；另一方面，加大智能制造高端人才引进力度。大力引进智能制造亟须的工业设计、信息技术、新材料、现代金融等中高度紧缺人才，重点推进高层次领军人才、复合型人才及高技能人才的引进，逐步形成结构合理的人才梯队，推动柳州市智能制造水平不断提升。三是加强配套基础设施建设。加快柳州至广州（深圳）客货运铁路、涪陵至柳州铁路等规划建设，推进柳州至三江、柳州至河池等城际铁路项目建设，完善高速公路网，做强做实铁路、公路枢纽，畅通柳州联通周边城市、珠三角、大西南和东盟国家的物流通道。同时，继续推进宁铁柳州汽车工业物流园、柳石物流园、毅德商贸物流城等物流园区建设，为柳州绿色智能制造水平快速提升增加动力。四是形成良好的城市文化氛围。首先，通过加快建设小微企业创业基地、大学生和青年创业基地、农民工创业园、创业孵化基地或创业孵化型众创空间，引进专业化团队提供创业指导和服务，优化创业担保贷款机制，加大金融扶持力度，为全城“大众创业、万众创新”创造良好的发展条件。其次，丰富“柳州工匠”精神的宣传方式和渠道，让更多的人深入了解和学习老一辈柳州人勇往直前的开拓精神，以身在柳州为荣，以“柳州工匠”为榜样，让更多的有识之士、有志之人愿扎根柳州，为柳州制造业及经济发展做贡献。

（六）信息化

信息化指利用“互联网 +”的优势，构建工业云与智能服务平台、工业互联网等制造业全要素、全产业链、全价值链连接的核心枢纽，促进制造业与信息产业、服务业深度融合，使信息技术向市场、设计、生产等环节渗透，引导制造业朝着分工细化、协作紧密方向发展，提升信息化支撑能力。充分把握互联网时代基于社群、平台、跨界、资源聚合与产品设计的商业模式四大结构要素，围绕优化要素配置、满足云端需求两大核心诉求，着力实现柳州“互联网+制造业”的阶段性重点突破。

一方面，推动柳州制造业实现以大规模智能化定制为突破口的制造模式变革。柳州市可重点运用大数据分析、云计算技术，以广西柳工、东风柳汽、柳州五菱、耐世特等骨干企业实施广西工业云与工业大数据试点示范项目为依托，构建智能化定制平台。在基础层面，利用互联网平台获取、积累消费终端规模及其个性化偏好信息；在延伸层面，实现产业价值网络扩张，积极吸引第三方大数据分析技术支持或运营管理服务企业加盟和集聚，从而帮助制造企业规划智能定制转型战略，培养数据挖掘与处理能力，构建与特定产品相契合的同质化解构、标准化生产、个性化加总的技术流程和定制界面，实现满足众多差异化终端需求的大规模批量制造模式塑造的关键突破。

另一方面，探索构建创新型虚拟制造产业集群。虚拟集群是依托最现代化的信息和通信技术，由不同独立的经济主体（企业、组织和个人）基于资源合作的原则而在虚拟空间上的集中，从而达到优化运营、充分竞争、共同发展、互利共赢的目标。虚拟集群丰富了互联网时代制造业转型升级的载体和模式，值得借鉴。柳州市应主动基于互联网技术打造信息化平台，构建以知识创新服务（商）为主导的虚拟制造产业集群。当前，可围绕知识型服务的共性专业需求、柳州市重点产业布局和产业集群特色，增进联动发展和信息互通，重点建设研发设计、信息咨询、检验检测、产业金融、会计审计等虚拟网络公共服务平台或专业平台，打造纵向覆盖全市场、横向覆盖全行业的平台网络。在虚拟集群的具体运作中，中枢服务企业与知识密集型服务商、商贸物流商、金融机构、供应商、零部件和组装公司及终端顾客一起携手，衍生出更多的知识型服务流，攫取知识和技术创新效应乃至虚拟产业集群的品牌效应。

十、提升柳州绿色智能制造竞争力的支持机制与政策体系

（一）重点产业政策引导

当前柳州产业政策的主要目标是加快传统产业改造升级、培育壮大新兴产业。一是传统产业改造升级的引导政策。在柳州传统的优势产业汽车、机械、钢铁、化工等方面，积极引导企业进行技术创新、改造升级，做强做大现有品牌，培育新的品牌。如提供税收优惠及高端人才引进、新技术新产品研发支持等政策激励上汽通用五菱、东风柳汽等汽车行业龙头企业带动全行业向产品高附加值化、核心零部件本地化方向发展；鼓励机械行业进一步实施“二次创业”，积极协助企业加快推进柳工结构件智能化制造技改项目、柳工农业机械研发制造基地项目建设；支持钢铁产业进行产品升级，重点发展汽车用钢、船舶用钢、特种钢等高附加值产品。二是培育壮大新兴产业的引导政策。以发展高端装备制造业、新一代电子信

息技术产业、节能环保产业、生物与制药产业、生产性服务业等新兴产业为方向，以项目引进和建设为抓手，以产业园区为平台，发展壮大战略性新兴产业。下一步可以积极引进新能源汽车电池、电机、电控等企业，推广应用新能源城市用车，加快推进广西汽车集团新能源整车基地建设；引进一批优质企业落户智能轨道交通产业园，加快智能轨道交通产业发展；加快一批全领域关键设备及软件研发制造企业落地，全力推进智能电网产业园建设；推动龙腾光电、信炜科技等项目落地建设，发挥联合电子、耐世特等龙头企业的带动作用，加快培育电子信息产业；扩大柳州医药股份有限公司、花红药业等龙头企业的品牌知名度，发展壮大生物与制药产业。

（二）风险补偿机制形成

无论是进行技术改造、产品创新，还是发展新兴产业，大规模科技创新都是必由之路。而国内外发达地区的经验表明，科技创新的高风险特征决定了其难以获得资金支持，只有建立融资多元化风险补偿机制才能破解这一难题。一是建立多元化贷款风险补偿机制，主要措施包括政府贴息、引导建立风险补偿基金、政策扶持科技担保企业，畅通知识产权融资渠道，鼓励金融机构创新科技企业融资产品，积极推出股权融资和知识产权担保融资服务。二是建立风险投资补偿机制。对处于初创期的新兴行业企业而言，风险投资是重要的融资渠道。除对企业实施税收优惠政策，提供厂房、配套设施的便利之外，还应对提供资金的风险投资机构提供担保以拓展资金来源，制定投资亏损补偿机制以降低投资风险。三是逐步造就科技保险的发展条件，引导保险公司适时推出科技保险产品，建立合理的政府、企业、保险公司三方的风险分担机制，降低企业科技创新和产业化风险。

（三）自主创新能力提升

创新是引领发展的第一动力，加快绿色智能制造，必须在自主创新上下功夫，从而加快形成新的增长动力源。一是以推进国家知识产权试点城市、全国质量强市示范城市和柳州自主创新示范区建设为突破口，充分结合柳州现有的工业基础、产业需求、智能制造装备等优势，坚持自主开发与技术引进相结合，瞄准聚焦一批支撑重点支柱产业和传统产业发展需要的关键技术、核心部件、重大装备，实行重大专项和重点突破。二是以创新创业园、创新创业基地为平台，构建完善产学研用协同创新机制。支持以上通五、东风柳汽、广西汽车集团、柳钢集团、柳工集团等龙头骨干企业和大型制造企业为主体建立“产学研用”一体化产业技术联盟，围绕关键技术的研发、系统集成和成果转化，建设一批具有国内领先水平的研究院、工程化平台。支持工业骨干企业创建国家级和自治区级重点实验室、工程实验室、工程技术研究中心、企业技术中心、工业设计（研发）中心等，提升企业的创新能力和水平，促进科技成果转化。三是畅通与国内外高校、院所及长三角、珠三角、环渤海等先进地区的交流合作渠道，为提升柳州绿色智能制造水平引进智力和智库资源。四是积极推进公共服务平台建设，加快“柳创汇”创业创新云平台建设和完善，加速小微企业创业创新服务中心建设，重点支持具有产业化前景的高价值成果和发明专利实现产品化、产业化。

（四）智能制造人才培养

绿色智能制造要求制造业发展由物质资本主导转变为知识资本主导，由劳动分工主导转变为知识分工主导，因此，人才培养和集聚是提升绿色智能制造竞争力的决定力量，也是促进制造业产业智能化转型的根本。一是培养大批年轻应用型技术、技能人才。围绕建设现代制造城系统框架中的重点应用领域，积极梳理、规划柳州高等学校中的工业设计、工业机器人、物联网、云计算、移动互联网、大数据分析、智能芯片、软件开发、电子商务、互联网金融、管理咨询等知识型人才培养的优长领域，加强市、企、校人才培养合作，调整办学方向，强化实践训练，打造智能制造人才培养基地，就地培养和输送适应柳州绿色智能制造水平提升的应用型技术、技能人才。例如：依托广西科技大学计通学院、理学院加大信息技术、互联网、大数据分析、软件开发类技术、技能人才的培养力度；依托广西科技大学汽车学院、机械学院等加大汽车技术服务、智能制造类技术、技能人才的培养力度；依托广西科技大学财经学院、管理学院加大商务金融、管理咨询类技术、技能人才的培养力度；依托柳州城市职业学院等高职院校加大电子商务、物流信息类技术、技能人才的培养力度。鼓励大学生从事智慧产业创业实践，帮助其解决融资与创业难题。二是加强高端人才引进。大力引进制造业绿色智能化建设需要的高端创新创业人才、各类拔尖人才、急需紧缺的专门人才和外国专家（海外工程师），着力引进智能制造高层次领军人才、高层次复合型实用人才和高技能人才。以柳东、阳和两大新区产业园为依托形成若干高端人才集聚特区。三是组织开展多层次的智能制造人才培训，如城区、部门领导干部培训、专业骨干培训，深入学习国内外智能制造水平提升的先进理念和经验，尽快提升领导水平和业务能力。

（五）绿色发展模式创新

一是严格落实重点生态功能区产业准入负面清单，控制限制类产业发展，建立健全禁止类产业退出机制。加快构建工业生态产业链，强化对传统工业绿色化改造，推广无污染清洁化工业生产，重点培育壮大节能环保、生物医药、新型建材、新一代信息技术、新材料等新型生态工业。二是加快发展生态农业，深入实施生态农业畜牧业循环提升工程，创建一批标准化、无公害、绿色、有机农产品示范生产基地，加快推进低产林改造，着力发展林下经济。三是大力发展健康养生等生态服务业，挖掘和提供更加丰富的绿色产品和绿色服务，逐步把绿色消费培育成为新热点，实现城市绿色可持续发展。四是继续推进国家循环经济示范城市建设，重点推进静脉产业园、园区循环化改造、绿色建筑垃圾及餐厨废弃物资源化利用和无害化处理工程建设，积极发展循环经济，实现城市绿色可持续发展。

Ⅲ 开放合作篇：柳州产业协同发展与粤港澳大湾区对接融合研究

十一、前　　言

《柳州市国民经济和社会发展第十三个五年规划纲要》提出“全面推进、开放强柳”，深度融入区域经济一体化发展。要通过增进区域合作，进一步做大柳州经济总量，做大柳州城市规模，全面提升柳州竞争力。对柳州而言，经过长期工业积累，形成了汽车、钢铁、机械三大行业“三足鼎立”的局面，在这三大行业兴盛时期带动了柳州经济的繁荣发展，但近年来中低端汽车市场低迷，钢铁、机械行业发展放缓，导致柳州经济面临停滞不前的困境。柳州迫切需要推动产业转型升级，为经济发展注入活力。但是，当前柳州产业发展正面临着双重困局：一方面是制造业高端不足。主导产业中名优品牌和高附加值产品较少，高新技术产业和战略性新兴产业比重较低，也缺乏推动产业结构高级化的创新基础和要素禀赋；另一方面是服务业特别是生产性服务业发展相对滞后。弱小的生产性服务业配套服务能力弱，难以支撑制造业的高端化发展需求。破局的关键是快速积累技术、获得高端发展所需要素的同时实现生产性服务业与制造业的协同发展。因此，通过更深层次地融入区域经济一体化发展、构建与发达区域的良性产业对接融合机制推动柳州二三产业协同发展和产业转型升级，具有十分重要而紧迫的现实意义。

粤港澳大湾区是我国开放程度最高、经济实力最强的区域之一，按照2019年提出的《粤港澳大湾区发展规划纲要》，粤港澳大湾区将被建成世界级城市群、国际科技创新中心、内地与港澳深度合作示范区，它拥有柳州转型升级所需的先进技术、人才、经验等要素，若能实现与它的对接融合，不仅能较快提升制造业和生产性服务业水平，也能促进制造业和生产性服务业的协同发展，进而为产业高端化发展创造条件。由此，积极推动柳州与粤港澳大湾区的产业对接融合，并沿着促进柳州产业协同发展和转型升级的方向前行，不仅是柳州“开放强柳”战略的具体实施、深层次融入区域一体化发展的关键行动，也是当前柳州走出经济困境的重要突破口、促进二三产业协同发展和产业转型升级的有力抓手，有利于柳州竞争力的全面提升。

本书聚焦柳州产业转型升级的迫切需求，首先从制造业与生产性服务业协同发展的内涵及机制研究切入，在对柳州制造业与生产性服务业协同发展水平测度的基础上，从制造业和生产性服务业两方面分析造成协同发展水平不高的原因，进而找出制造业和生产性服务业发展存在的问题；随后以粤港澳大湾区建设发展为契机，探寻通过与粤港澳大湾区产业对接融合解决问题，进而促进制造业与生产性服务业协同发展的途径，为柳州通过与粤港澳大湾区产业对接融合，促进二三产业更好地联动及经济高质量发展提出实现路径和保障建议。

十二、国内外研究现状

近年来，随着产业转型升级和区域协作的需求越来越迫切，关于产业协同和区域产业对接融合的研究不断涌现，经过梳理和总结，将按照以下三个领域的研究成果加以介绍。

（一）三次产业协同发展研究

关于三次产业协同的研究比较广泛深入，例如：杨杰（2018）提出了三次产业协同发展的内涵——稳定性、依存性、协调性，并对这三个方面分别给出了量化的方法；丁兆庆（2012）认为，三次产业之间的协同带动作用、三次产业的相互融合是发展实体经济、做大做强实体经济的重要保障；张亚明等（2017）指出，相较于经济发展总量，地方经济发展质量更多地受到产业发展协同程度的影响；徐立岗等（2012）通过对江苏省的区域产业协同创新的研究发现区域产业协同创新是产业结构升级的重要保障；田敏等（2011）也是基于转变经济发展方式的视角探讨了三次产业的协同带动作用，认为促进三次产业融合发展是转变经济格局的重要手段。这些研究从理论和实践两方面证实了三次产业协同发展是推动产业升级、经济转型的重要手段，这是本书研究的重要基石。但这些研究侧重于从三次产业一般关系的角度展开，而针对特定经济发展基础、特定产业结构特征的区域，特别是像柳州这样具备较好制造业基础的西部工业城市，三次产业呈现的独特协同关系的研究较为缺乏。

（二）制造业与生产性服务业协同发展研究

近年来，国内外学者在制造业与生产性服务业协同发展方面也做了大量理论和实证研究，结果表明制造业是生产性服务业发展的前提和基础，生产性服务业是制造业升级和效率提高的重要源泉。例如：Kakaomerlioglu 等（1999）基于投入产出表中的数据，指出 1987～1994 年美国制造业对生产性服务业的使用需求增加了一倍；陈赤平等（2015）通过建立 VEC 模型指出湖南省制造业与生产性服务业的相互作用并不平衡；唐晓华等（2016）运用灰色网格关联度模型测算了我国 2003～2013 年制造业不同子行业与生产性服务业的关联程度，实证结果表明，两产业关联度存在阶段性变化，各细分子行业间内部关联发展存在差异性；马卫红等（2012）利用双对数模型对长三角两省一市进行实证研究，指出制造业与生产性服务业内部各子行业间相互影响，但由于各行业所属的特征不同，其影响程度也具有一定的差异；王思语（2018）指出，制造业与生产性服务业相互融合推动制造业服务化，这一过程是制造业产业和企业为适应新的市场竞争环境、增强产业链各个环节的服务中间要素投入与功能，最终达到企业转型升级、产业提升并增强竞争力的过程。已有研究充分表明制造业与生产性服务业的协同发展是经济发展的内在要求，两者的协同发展不仅有助于制造业和生产性服务业自身的水平提升，也有助于全产业的转型升级，为本项目研究奠定了理论基础。但针对具体区域制造业与生产性服务业细分行业的协同发展研究较少，针对柳州的研究就更是空白。

（三）区域产业对接融合机制研究

经验和理论研究表明，产业的集聚融合有利于扩大资源配置的范围、增强经济整体产出，同时促进城市发展和城市群的逐步形成。不少研究者对具体的产业融合机制展开了深入研究，例如：毕秀晶（2013）的研究证实，长三角城市群在大都市区外围确实产生了溢出效应，区位条件具有非常重要的影响力，那些邻接大都市的区县受到了产业辐射；滕堂伟（2015）认为，城市群区域产业融合、一体化发展的作用机理在于微观经济主体跨越本地界线的互动联系，而地理临近的研发机构、企业之间结成创新网络至关重要；叶静怡等（2016）的研究表明，区域间地理距离越相近，技术和产业越相似，越容易产生知识溢出效应；徐印州（2015）指出，近年来在中央的引导下，随着珠江—西江经济带国家战略的推出，广东、广西的发展思路逐步契合，协调发展渐入佳境；罗文良等（2019）运用产业梯度理论测算静态集聚系数、动态集聚系数和产业梯度系数，分析长江经济带产业布局及发展趋势。以上这些研究为柳州与粤港澳大湾区进行产业对接融合的可行性提供了理论基础和实践经验，但研究侧重于产业融合内在机理的探索、整体效果的测度，而缺少针对细分行业进行对接融合的深入分析与研究。

本书聚焦柳州产业转型升级的迫切需求，基于产业协同发展的内涵，结合柳州本地产业特点，以粤港澳大湾区建设发展为契机，基于产业对接融合促进产业协同、进而推动产业转型升级的视角展开研究，为柳州通过与粤港澳大湾区产业对接融合，促进二三产业更好地联动及经济高质量发展提出实现路径和保障建议。

十三、制造业与生产性服务业协同发展的内涵及机制

（一）制造业与生产性服务业协同发展内涵

当前学者对于产业协同从不同的角度展开研究，为本书界定制造业与生产性服务业协同发展内涵提供了有益的借鉴。如徐力行、高伟凯（2017）基于产业结构理论与协同理论融合的视角提出产业协同的定义，认为产业协同是在开放条件下，国民经济中的各个子系统、产业或者产业群相互协调合作，形成有序结构的过程；而有学者从产业协调的角度分析产业协同，认为产业协调包括产业间素质、联系方式、相对地位、供需结构四个方面的协调。引申到制造业与生产性服务业协同发展的内涵，是指两类行业通过供需关系形成相互支撑、相互依赖的产业合作关系，在提升合作效率驱动下不断动态调整各自的发展结构和质量，形成产业间相互配合与协调发展。具体而言，包含数量协同发展和质量协同发展两个层面：

一方面，制造业与生产性服务业数量协同发展。数量协同发展反映的是产业间相对地位的匹配，是指制造业与生产性服务业在发展规模、发展速度、提供产品或服务的比例结构上保持协同。另一方面，制造业与生产性服务业质量协同发展。质量协同发展反映的是产业内部结构功能的匹配，是指制造业与生产性服务业在生产效率、技术水平、供需结构上保持协同。

（二）制造业与生产性服务业协同发展机制

制造业与生产性服务业协同发展机制是在“有效市场”的内部推动、“有为政府”的外部调节下形成、生效的，是分工协同、创新协同、制度协同三个方面机制共同作用的结果。

一是分工协同机制。一方面，基于产业分工中的比较优势理论，通过专业化分工形成的产业规模效应促进了新产业部门的形成，从而使生产性服务业逐步脱离制造业发展成为独立的产业，形成诱导效应；另一方面，在市场竞争机制下为了获取更多的利润，身处制造业和生产性服务业的微观企业必然会不断提升分工合作效率，降低交易成本，生产性服务业效率提升又能促进制造业发展，形成反哺效应。在诱导和反哺效应推动下，分工协同机制能有效促进制造业和生产性服务业整体协同发展。

二是创新协同机制。制造业与生产性服务业协同发展是两产业相互支撑、相互依赖、动态适应的过程，在技术创新方面亦是如此。当制造业首先出现某一领域技术创新时，必然会带动对应产业的生产技术、方式的变革，并通过供需关系传导到相关生产性服务业，推动这些行业部门的技术革新，取得技术突破、适应市场需求的企业得以生存，否则即被淘汰，从而提升生产性服务业的技术水平。反之，当生产性服务业某一领域出现重大技术革新时，也会带动制造业的技术水平提升。因此，制造业和生产性服务业在市场优胜劣汰、适者生存法则下，通过产业内部不断地动态调整促进产业结构高级化，形成两类产业创新协同发展态势。

三是制度协同机制。分工协同机制和创新协同机制都是在市场有效的情况下公平竞争推动发挥作用的，但由于欠发达区域的产业后发优势难以与发达区域先发优势形成平等竞争，仅依靠比较优势推动的分工协同机制和内生性主导的创新协同机制发挥作用有限，必须引入制度协同机制作为补充。通过“有为政府”因地制宜的制度创新，消除或减弱阻碍分工效率提升和技术创新推进的各种人为因素，使市场作用充分发挥即保障“市场有效”，为分工、创新协同机制提供良好环境。

因此，通过“有为政府”的适时干预即制度协同机制，保障“有效市场”，从而促进分工协同机制和创新协同机制充分发挥作用，推动制造业与生产性服务业协同发展，具体作用过程如图 3－1 所示。

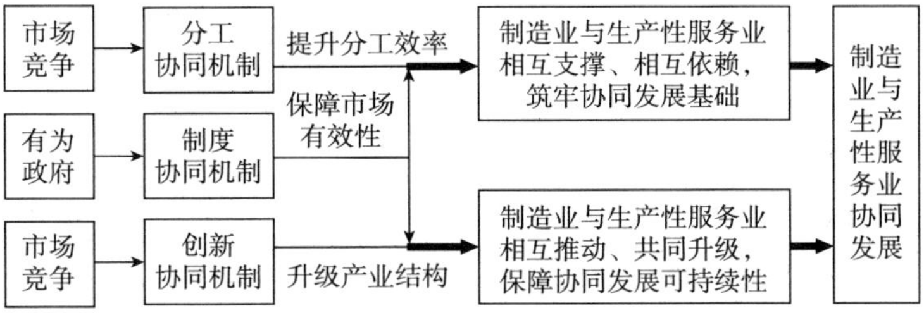

图 3－1　制造业与生产性服务业协同发展机制示意

十四、柳州制造业与生产性服务业协同发展实证分析

由于制造业各行业的生产特点不同，所涉及的技术领域及生产核心要素的差别较大，不同的制造业行业对生产性服务的需求迥异，导致与生产性服务业各行业间的产业协同关系差异化显著；同时，受各区域制造业和生产性服务业自身发展基础及外部发展环境的影响，区域制造业与生产性服务业的协同关系也会呈现不确定性和随机性的特征。因此，本书充分考虑制造业与生产性服务业子行业内部发展的差异性，从细分行业的角度运用灰色网格关联度模型深入分析柳州市制造业与生产性服务业间的动态关联程度与互动特点，探索两大产业协同发展存在的问题。

（一）研究产业的范围

根据《国民经济行业分类》国家标准 2017 年第四次修订版，结合柳州产业的实际情况，将其中二位数代码为 C13 ~ C18、C20 ~ C27、C29 ~ C40 的 26 个行业作为制造业研究的行业范畴；将门类代码分为（F）批发

和零售业，（G）交通运输、仓储和邮政业，（I）信息传输、软件和信息技术服务业，（J）金融业，（L）租赁和商务服务业，（M）科学研究和技术服务业的六大与制造业关系密切的服务业界定为生产性服务业，纳入研究范围。

（二）制造业与生产性服务业发展水平评价指标体系的构造

选取合适的行业发展水平评价指标体系是对制造业与生产性服务业两大行业协同性及各细分行业联动性进行科学评价的基础。本书在借鉴已有相关研究成果的基础上，考虑上述制造业与生产性服务业数量协同发展和质量协同发展的内涵，遵循指标选取必须具备科学性、代表性、动态性、可得性的原则，建立包含两级指标的各细分行业发展水平测度的指标体系，其中一级指标包含产业规模、经济效益、发展趋势三个方面。

（1）产业规模：反映行业经营和投资的规模，用行业固定资产投资额、从业人数、固定资产投资额占比、从业人数占比来表示。

（2）经济效益：反映行业盈利能力和生产效率，用行业利润总额、人均利润来表示。

（3）发展趋势：反映行业发展扩张或收缩的趋势，用行业固定资产投资增长率、利润增长率来表示。

由于生产性服务业各行业的经营业务差异导致统计指标的不同，生产性服务业利润均由各行业总收入减去总支出测算而来，具体指标体系如

表3－1所示。研究中所使用的指标及测算均来自2010～2019年的《柳州统计年鉴》，其中，各行业固定资产投资额在2019年的统计年鉴中未公布，是用增长率进行测算的；生产性服务业2018年的总收入与支出也未作统计，本书中将各行业生产总值增长率近似替代利润增长率进行测算而来。据此，本书对2009～2018年柳州制造业及细分行业与生产性服务业的动态关联性展开研究。

表3－1　制造业与生产性服务业协同性测度指标

一级指标	二级指标
产业规模	固定资产投资额（万元）
	从业人数（人）
	固定资产投资额占比
	从业人数占比
经济效益	利润总额（万元）
	人均利润（万元）
发展趋势	固定资产投资增长率
	利润增长率

（三）制造业与生产性服务业灰色网格关联度模型的构建

灰色关联分析是一种因素分析方法，通过描述系统数据序列之间的几何关系来分析各因素间的相关程度，其对样本数量和统计规律不做限定的特征使其广泛应用于管理、经济、社会、工业等众多领域。而灰色网格关联度模型则运用信息内涵更加丰富的面板数据，在克服时间序列数据多重共线性的同时，将数据分析扩展到包含时间、指标、对象的三维空间，能最大限度地保留多维信息，更加全面地挖掘行业间的关联性和协同关系。

1. 数据的矩阵表述及初始化

由于面板数据计算关联度时需考虑时间、指标、对象（行业）三个维度，本书主要构建的是不同行业即对象间关联度模型，因此，本书所考虑的面板数据时间和指标间的距离均视为 1。设制造业和生产性服务业各细分行业的面板数据为 X_i 和 X_j，其矩阵形式如下：

$$X_i = \begin{pmatrix} x_i(1, 1) & x_i(1, 2) & \cdots & x_i(1, t) \\ x_i(2, 1) & x_i(2, 2) & \cdots & x_i(2, t) \\ \vdots & \vdots & \ddots & \vdots \\ x_i(p, 1) & x_i(p, 2) & \cdots & x_i(p, t) \end{pmatrix} \tag{3-1}$$

$$X_j = \begin{pmatrix} x_j(1, 1) & x_j(1, 2) & \cdots & x_j(1, t) \\ x_j(2, 1) & x_j(2, 2) & \cdots & x_j(2, t) \\ \vdots & \vdots & \ddots & \vdots \\ x_j(p, 1) & x_j(p, 2) & \cdots & x_j(p, t) \end{pmatrix} \tag{3-2}$$

其中，$x_i(p, t)$ 为制造业 i 行业第 p 项指标 t 时刻的指标值，$x_j(p, t)$ 为生产性服务业 j 行业第 p 项指标 t 时刻的指标值，且 $i = 1, 2, \cdots, 26$，$j = 1, 2, \cdots, 6$，$p = 1, 2, \cdots, 8$，$t = 1, 2, \cdots, 10$。

鉴于 8 个指标中存在量纲不同的问题，为了便于实现数据间可比性，采用最小值零化算子进行初始化处理，使各行业每个指标均在 0 ~ 1 的范围内波动。设 B 为初始化算子，则制造业 X_i 和生产性服务业 X_j 的初始化过程为：

$$Y_i = X_iB = \begin{pmatrix} y_i(1, 1) & y_i(1, 2) & \cdots & y_i(1, t) \\ y_i(2, 1) & y_i(2, 2) & \cdots & y_i(2, t) \\ \vdots & \vdots & \ddots & \vdots \\ y_i(p, 1) & y_i(p, 2) & \cdots & y_i(p, t) \end{pmatrix} \quad (3-3)$$

$$y_i(p, t) = \frac{x_i(p, t) - \min(x_i(p, t) \mid t = 1, 2, \cdots, 10)}{\max(x_i(p, t) \mid t = 1, 2, \cdots, 10) - \min(x_i(p, t) \mid t = 1, 2, \cdots, 10)}$$

$$Y_j = X_jB = \begin{pmatrix} y_j(1, 1) & y_j(1, 2) & \cdots & y_j(1, t) \\ y_j(2, 1) & y_j(2, 2) & \cdots & y_j(2, t) \\ \vdots & \vdots & \ddots & \vdots \\ y_j(p, 1) & y_j(p, 2) & \cdots & y_j(p, t) \end{pmatrix} \quad (3-4)$$

$$y_j(p, t) = \frac{x_j(p, t) - \min(x_j(p, t) \mid t = 1, 2, \cdots, 10)}{\max(x_j(p, t) \mid t = 1, 2, \cdots, 10) - \min(x_j(p, t) \mid t = 1, 2, \cdots, 10)}$$

其中，Y_i、Y_j 分别为制造业 i 行业和生产性服务业 j 行业经初始化去量纲后的面板数据矩阵。

2. 指标和时间维度斜率函数的构造

令 $H_i(p, t)$、$H_j(p, t)$ 分别表示制造业 i 行业和生产性服务业 j 行业在指标维度上的斜率，$W_i(p, t)$、$W_j(p, t)$ 分别表示制造业 i 行业和生产性服务业 j 行业在时间维度上的斜率函数，则

$$H_i(p, t) = y_i(p, t) - y_i(p-1, t), \ (p = 2, 3, \cdots, 8; \ t = 1, 2, \cdots, 10) \quad (3-5)$$

$$H_j(p, t) = y_j(p, t) - y_j(p-1, t), \ (p = 2, 3, \cdots, 8; \ t = 1, 2, \cdots, 10) \quad (3-6)$$

$$W_i(p,\ t)=y_i(p,\ t)-y_i(p,\ t-1),\ (p=2,\ 3,\ \cdots,\ 8;\ t=2,\ 3,\ \cdots,\ 10) \tag{3-7}$$

$$W_j(p,\ t)=y_j(p,\ t)-y_j(p,\ t-1),\ (p=2,\ 3,\ \cdots,\ 8;\ t=2,\ 3,\ \cdots,\ 10) \tag{3-8}$$

3. 制造业和生产性服务业面板数据间网格关联系数测算

针对制造业 i 行业和生产性服务业 j 行业的面板数据 X_i 和 Y_j，用 r_{ij}^H（p，t）表示从（p－1，t）到（p，t）间指标维度的网格关联系数，则

$$r_{ij}^H(p,\ t)=\mathrm{sgn}(H_i(p,\ t),\ H_j(p,\ t))\frac{1+|H_i(p,\ t)|+|H_j(p,\ t)|}{1+|H_i(p,\ t)|+|H_j(p,\ t)|+||H_i(p,\ t)|-|H_j(p,\ t)||},$$
$$(p=1,\ 2,\ \cdots,\ 7;\ t=1,\ 2,\ \cdots,\ 10) \tag{3-9}$$

同理，用 $r_{ij}^W(p,\ t)$表示从(p，t－1)到(p，t)的时间维度的网格关联系数，则

$$r_{ij}^W(p,\ t)=\mathrm{sgn}(W_i(p,\ t),\ W_j(p,\ t))\frac{1+|W_i(p,\ t)|+|W_j(p,\ t)|}{1+|W_i(p,\ t)|+|W_j(p,\ t)|+||W_i(p,\ t)|-|W_j(p,\ t)||},$$
$$(p=1,\ 2,\ \cdots,\ 8;\ t=2,\ 3,\ \cdots,\ 10) \tag{3-10}$$

其中，

$$\mathrm{sgn}(H_i(p,\ t),\ H_j(p,\ t))=\begin{cases}1,\ H_i(p,\ t)\times H_j(p,\ t)\geqslant 0\\ -1,\ H_i(p,\ t)\times H_j(p,\ t)<0.\end{cases} \tag{3-11}$$

$$\mathrm{sgn}(W_i(p,\ t),\ W_j(p,\ t))=\begin{cases}1,\ W_i(p,\ t)\times W_j(p,\ t)\geqslant 0\\ -1,\ W_i(p,\ t)\times W_j(p,\ t)<0.\end{cases} \tag{3-12}$$

基于此，可以看出，当面板数据 X_i 和 X_j 的指标维度斜率 $H_i(p,\ t)$、

$H_j(p, t)$同号时，$r_{ij}^H(p, t)$大于0，表明指标维度网格关联系数为正；反之，当$H_i(p, t)$、$H_j(p, t)$异号时，$r_{ij}^H(p, t)$小于0，表明指标维度网格关联系数为负。同理，时间维度网格关联系数$r_{ij}^W(p, t)$也可正可负。

4. 制造业和生产性服务业灰色网格关联度计算

（1）行业间灰色网格关联度水平测度。

根据面板数据X_i、X_j的指标维度的网格关联系数$r_{ij}^H(p, t)$和时间维度的网格关联系数$r_{ij}^W(p, t)$，可得制造业i行业和生产性服务业j行业的灰色网格关联度r_{ij}：

$$r_{ij} = \frac{1}{2}\left(\frac{\sum_{p=2}^{8}\sum_{t=1}^{10} r_{ij}^H(p,t)}{10 \times 7} + \frac{\sum_{p=1}^{8}\sum_{t=2}^{10} r_{ij}^W(p,t)}{8 \times 9}\right) \tag{3-13}$$

灰色网格关联度水平是两面板数据指标维度和时间维度所有网格关联系数的算术平均值，表示两个行业间的关联程度。通过对制造业和生产性服务业及其不同子行业面板数据进行关联度测算，可得到两大行业及其子行业灰色网格关联系数矩阵，其行业间的协同发展程度可从矩阵数据中得到体现。

（2）行业间灰色网格关联度趋势分析。

根据面板数据X_i、X_j的指标维度的网格关联系数$r_{ij}^H(p, t)$和时间维度的网格关联系数$r_{ij}^W(p, t)$，可得制造业i行业和生产性服务业j行业在第t年的灰色网格关联度$r_{ij}(t)$：

$$r_{ij}(t) = \frac{1}{2}\left(\frac{\sum_{p=2}^{8} r_{ij}^H(p,t)}{7} + \frac{\sum_{p=1}^{8} r_{ij}^W(p,t)}{8}\right),\ (t=2, 3, \cdots, 10) \tag{3-14}$$

通过历年灰色网格关联度$r_{ij}(t)$的走势，可以判断制造业和生产性服务业及其不同子行业2010~2018年互动发展的趋势。

（3）产业间协同程度判定。

由于关联度分析从根本上还是判断各因素间的相关性，结合产业发展的行业差异性并参考相关程度的判定标准，综合界定各产业间协同发展程度，具体如表3－2所示。当关联度为正时表示正向协同，关联度为负时表示负向协同。

表3－2　产业协同程度界定

协同程度	弱协同	低度协同	中度协同	高度协同
关联度	0.2以下	0.2～0.4	0.4～0.7	0.7～1

（四）柳州制造业与生产性服务业协同性水平测度与分析

基于柳州制造业及26个子行业、生产性服务业及6个子行业2009～2018年8个指标的面板数据，运用上述灰色网格关联度模型，可以测算出柳州制造业与生产性服务业历年及平均关联度、制造业子行业与生产性服务业子行业历年及平均关联度，具体结果如下。

1. 柳州制造业与生产性服务业发展协同程度较低

从制造业与生产性服务业整体协同性来看，2010～2018年，柳州制造业与生产性服务业平均关联度为0.25，处于低度协同状态。由图3－2的趋势可以看出，柳州制造业与生产性服务业关联度呈现波动上升趋势，但一直在中度协同以下徘徊，特别是2016年以前，长期处于低度协同和弱协同状态，说明柳州制造业与生产性服务业发展协同程度较低。

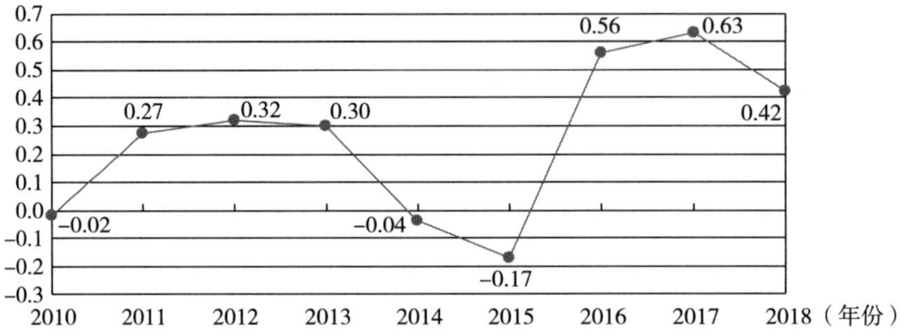

图 3－2　2010～2018 年柳州制造业与生产性服务业关联度趋势

2. 柳州制造业与生产性服务业互动层次较低

图 3－3 是柳州制造业与 6 个生产性服务业子行业 2010～2018 年平均关联度，从这 6 个行业比较来看，制造业与批发和零售业的关联度最高，关联度为 0.39，其次是交通运输、仓储和邮政业及科学研究和技术服务业，这 3 个行业均处于低度协同状态；而金融业等其他 3 个行业则处于弱协同状态。显示柳州制造业与生产性服务业的互动关系依然处于价值链较低端的产品生产涉及的运输—销售环节为主，互动层次较低。

此外，根据柳州“5＋5”产业发展格局规划，将汽车、钢铁、机械、化工及日化、轻工五大传统优势产业与未来重点发展的五个新兴产业中的高端装备制造业、新一代电子信息技术产业、节能环保产业、生物与制药产业中涉及的制造业行业分为支柱产业、其他传统优势产业、新兴产业，剩余制造业行业作为其他制造业，具体行业划分如表 3－3 所示。

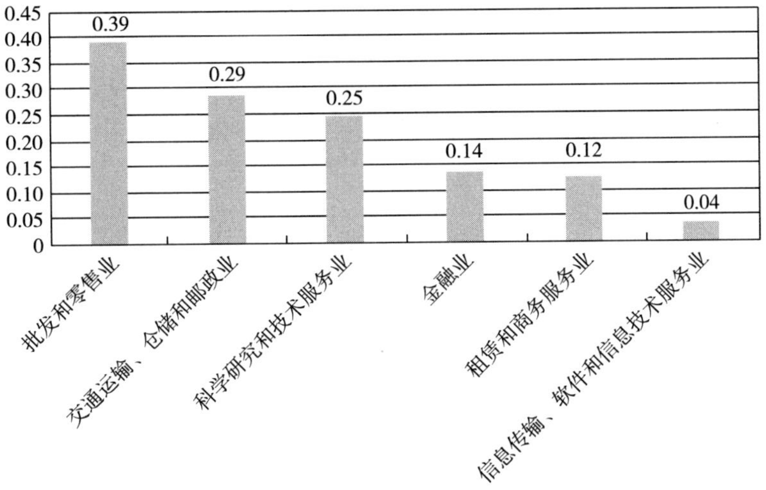

图 3－3　2010～2018 年柳州制造业与生产性服务业各子行业关联度比较

表 3－3　柳州制造业行业分类

类别	具体行业
支柱产业	汽车制造业；黑色金属冶炼和压延加工业；专用设备制造业；通用设备制造业
其他传统优势产业	化学原料和化学制品制造业；食品制造业；纺织业；家具制造业；木材加工和木、竹、藤、棕、草制品业；农副食品加工业；纺织服装、服饰业
新兴产业	医药制造业；仪器仪表制造业；电气机械和器材制造业；铁路、船舶、航空航天和其他运输设备制造业
其他制造业	酒、饮料和精制茶制造业；烟草制品业；造纸和纸制品业；印刷和记录媒介复制业；文教、工美、体育和娱乐用品制造业；石油加工、炼焦和核燃料加工业；橡胶和塑料制品业；非金属矿物制品业；有色金属冶炼和压延加工业；金属制品业；计算机、通信和其他电子设备制造业

将 2010～2018 年以上各类涉及的制造业行业与生产性服务业各子行业关联度进行平均，得到上述四大类制造业行业与生产性服务业 6 个子行业

的平均关联度，具体结果如图 3－4 所示。从四大类制造业与生产性服务业各子行业关联度来看，包含支柱产业在内的传统优势产业与批发和零售业，交通运输、仓储和邮政业的关联性普遍高于其他服务行业，特别是租赁和商务服务业，信息传输、软件和信息技术服务业。而新兴产业和其他制造业与服务业各子行业关联性均较弱，尤其是与除批发和零售业外的其他 5 个子行业的关联性非常低。

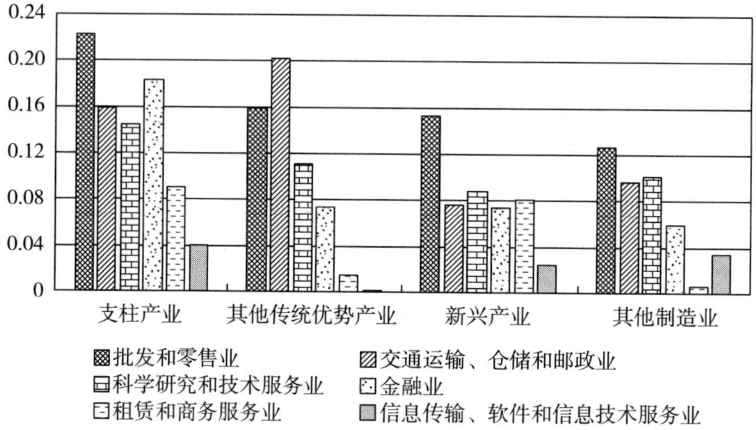

图 3－4　2010～2018 年柳州四大类制造业与生产性服务业各子行业关联度比较

综上所述，当前柳州制造业与生产性服务业的互动以低层次的商贸物流服务领域合作为主。

（五）柳州制造业与生产性服务业协同发展水平低的原因分析

柳州制造业与生产性服务业协同水平测度结果表明，总体上当前制造业与生产性服务业发展协同水平不高，合作互动层次较低。从制造业与生产性服务业协同发展机制可知，分工协同机制、创新协同机制有效运行是两大产业协同发展的直接驱动轮，而当前柳州制造业和生产性服务业的发展存在阻碍两大驱动轮有效运转的因素。

1. 制约分工协同机制运行的因素

（1）制造业产业集中度高导致分工协同机制的诱导效应不足。

汽车、钢铁、机械作为柳州的三大支柱产业，不仅发展基础扎实，而且发展规模长期处于绝对领先地位。图 3－5 是 2014～2018 年四大类制造业规模以上工业总产值占全部工业总产值的比重趋势，可以看出，四大类制造业在全部工业中的占比比较稳定，其中支柱产业占比持续保持 72% 以上，其他传统优势产业为 12% 左右，其他制造业为 8% 左右，新兴产业最低，占到 2. 5% 左右。这充分表明柳州制造业高度集中于汽车制造业、黑色金属冶炼和压延加工业、设备制造业等为数不多的几个行业，其他行业的规模相对较小，专业化分工程度不高，只是在随着国内外信息技术的推进被动产生基本的商贸流通服务等基本需求，导致柳州制造业整体对生产性服务业的需求规模、层次较低，高端服务的诱发作用较弱。

（2）生产性服务业发展规模较小导致分工协同机制的反哺效应较弱。

图 3－2 表明，2015 年以后柳州制造业与生产性服务业的关联度有较大的提升，表明自“十三五”以来柳州生产性服务业提升较快，与制造业的协同度有明显改善，以 2018 年为例，比较柳州与全国及经济规模相当的兄弟城市生产性服务业发展的相对状况。2018 年柳州 GDP 为 3053 亿元，工业生产总值为 1454 亿元，而安徽芜湖、贵州遵义、广东江门三市的地区生产总值分别为：3278 亿元、3000 亿元、2900 亿元，工业生产总值分别为：1539 亿元、1111 亿元、1250 亿元，与柳州经济规模、工业生产规模

相当，但柳州与它们相比生产性服务业发展总体存在较大差距。

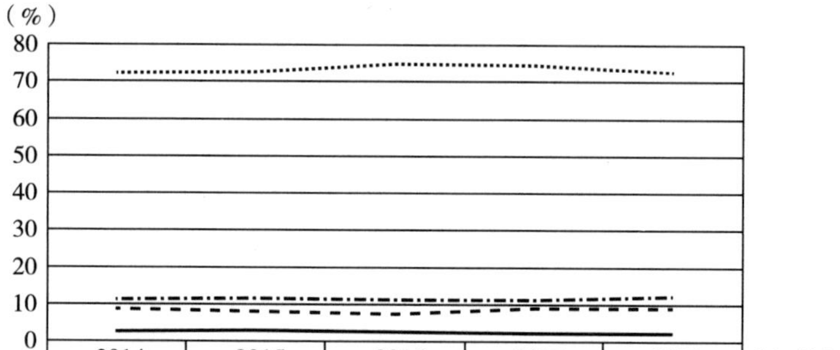

	2014	2015	2016	2017	2018
……支柱产业	72.29	72.76	74.86	74.63	72.58
-·-·其他传统优势产业	11.05	11.58	11.36	11.34	12.02
—— 新兴产业	2.70	2.84	2.71	2.16	2.25
----其他制造业	8.72	8.11	7.45	8.81	8.86

图 3－5　2014～2018 年柳州四大类制造业规模以上工业总产值占比

①从柳州与全国的对比来看。表 3－4 是 2018 年柳州与全国制造业、生产性服务业城镇单位就业人数在城镇单位就业总人数占比的统计，结果显示，柳州制造业人数占比与全国相当，但生产性服务业中除了租赁和商务服务业就业人数比例略高于全国平均水平之外，其他 5 个行业的就业人数占比均低于全国平均水平，并且均在全国平均水平的 65% 以下，特别是信息传输、软件和信息技术服务业，尚未达到全国平均水平的 20%。

②从芜湖、遵义、江门三个经济规模相近的兄弟城市比较来看。表 3－5 统计了 2018 年柳州与三个兄弟城市工业生产总值（由于制造业生产总值未公布，因此用工业生产总值替代）、生产性服务业城镇单位就业人数。从表 3－5 可以看出，柳州工业规模仅比芜湖略低，超过江门和遵义，但生产性服务业的就业总人数却远低于芜湖和江门，比它们少了 30% 左右。从具体行业来看，柳州除了租赁和商务服务业、科学研究和技术服务业就业人数略高于兄弟城市之外，其他 4 个行业就业人数均处于四个城

市中最低或较低水平。

表3-4 2018年柳州与全国及制造业、生产性服务业就业人数占比对比

单位：%

	制造业就业人数占比	生产性服务业就业人数占比						
		批发和零售业	交通运输、仓储和邮政业	信息传输、软件和信息技术服务业	金融业	租赁和商务服务业	科学研究和技术服务业	合计
全国	24.21	4.77	4.75	2.46	4.05	3.07	2.38	21.48
柳州	24.27	3.02	2.50	0.44	2.00	3.33	1.11	12.40

表3-5 2018年柳州与兄弟城市工业规模、生产性服务业就业人数对比

	工业GDP（亿元）	生产性服务业就业人数（万人）						
		批发和零售业	交通运输、仓储和邮政业	信息传输、软件和信息技术服务业	金融业	租赁和商务服务业	科学研究和技术服务业	合计
柳州	1454	1.6298	1.3489	0.2398	1.0821	1.8003	0.5999	6.7008
芜湖	1539	2.8355	2.9590	0.5532	1.8061	0.9009	0.5642	9.6189
遵义	1111	1.8012	1.0767	0.2664	0.9150	1.0543	0.5893	5.7029
江门	1250	3.4054	1.6148	0.5935	1.5782	1.7018	0.5879	9.4816

2. 阻碍创新协同机制运行的因素

（1）制造业企业规模普遍较小造成创新协同机制的基础不牢。

从前面的创新协同机制分析可以看出，制造业与生产性服务业的创新协同是建立在双方具备较强的合作能力的基础上，比如高质量服务购买能力、技术创新、改造能力等。只有制造业具备较强的技术创新能力，才会在市场竞争中不断开拓新的领域，产生新的服务需求，推动生产性服务业的创新和改造；同时，也只有制造业具备较强的技术革新能力和经济实力，才能在先进生产性服务产生时，及时利用吸收，变成提升自我效率的助推力，而中小企业是很难具备这些能力的，因此，只有大型企业或背靠大型企业的公司才有可能与生产性服务业形成良好的创新协同机制，带动行业与生产性服务业深入互动合作，促进协同发展。

从柳州工业企业规模结构来看，长期以来中小企业占据主体地位。图3－6所示的2014～2018年柳州规模以上工业不同规模企业数量占比可以看出，柳州大型企业占比不足5%，而95%以上的企业是中小微型企业。同时，从图3－7可以看出，与工业发展规模相当的芜湖相比较，柳州工业大型企业数一直低于芜湖，仅有其75%左右。因此，柳州制造业虽然发展规模较大，但大型企业相对较少，使制造业企业整体的技术创新能力和高端服务需求及购买能力不足，制造业与生产性服务业创新协同机制的形成和发展基础较薄弱，影响了其发挥的作用和效率，阻碍了柳州制造业与生产性服务业协同发展水平的提升。

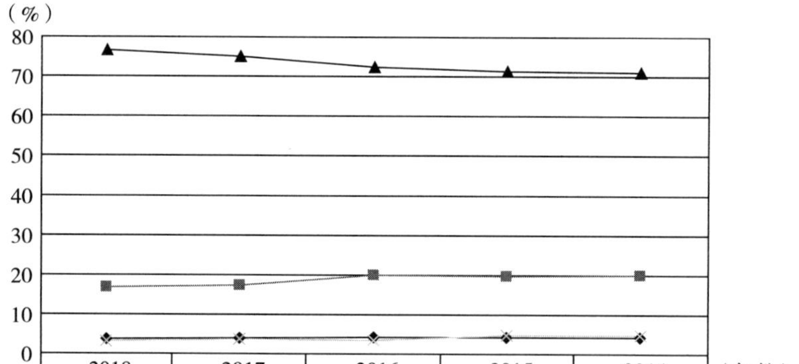

	2018	2017	2016	2015	2014
大型企业	3.65	3.95	4.29	4.28	4.12
中型企业	16.67	17.37	19.95	19.68	19.88
小型企业	76.60	75.09	72.35	71.27	71.15
微型企业	3.08	3.59	3.41	4.77	4.85

图3－6　2014～2018年柳州规模以上工业不同规模企业数量占比

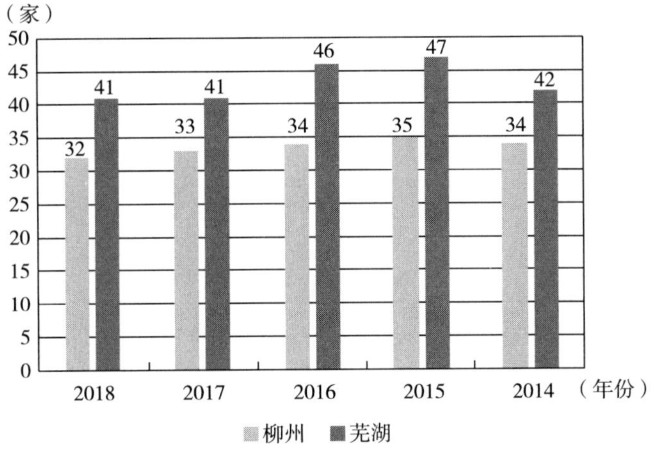

图 3－7　2014～2018 年柳州与芜湖规模以上大型企业数量对比

（2）生产性服务业发展层次不高造成创新协同机制的牵引动力不足。

第一，劳动密集型服务业初具规模，但仍以提供低层次基本服务为主，难以形成创新协同的原动力。近年来，柳州市在促进商贸、物流服务等劳动密集型服务业从制造业内部剥离方面取得了一定效果。在商贸服务业方面，柳州一手抓实体贸易市场建设，一手抓电商贸易园区建设。不仅加大了依托汽车、钢铁等支柱产业的商贸服务市场建设力度，形成了汽贸园、国际会展中心、红卫钢材市场、鹧鸪江钢铁深加工物流产业园等专门市场；而且也以打造特色电商产业带为目标，积极推动本地企业与阿里巴巴、慧聪网、苏宁、京东等主流电商平台深入合作，建成了柳州东盟电子商务产业园、广西电子商务产业示范园、嘉航电子商务产业园、城中区电子商务产业园等电商贸易服务园区。但这些园区基本是低端小规模经营企业扎堆构成，缺乏平台型龙头企业的整体科学规划与引领，因此，服务能力和水平比较低，对柳州支柱产业转型升级所需的产业链打通、整合、重构方面的支撑力不够。在物流服务方面，重点规划建设了桂中海迅、安吉天地等物流龙头企业为首的物流园，能为汽车、工程机械、制糖、医药等企业提供较为便捷的仓储、配送等第三方物流服务，但对现代制造业企业所需要的“一整套供应链解决方案”即第四方物流服务供应能力不足。附加值高的高层次商贸物流服务能力不足，削弱了生产性服务业对制造业的影响和带动作用，导致商贸物流服务业与制造业的协同发展仍处于较低水平。

第二，知识密集型服务业发展缓慢，创新能力及带动作用较弱，难以形成创新协同的提升力。当前柳州生产性服务业发展存在价值链高端服务从制造业中的剥离、外包和引进不足，导致知识密集型服务业发展动力不足。一是研发设计普遍由制造业企业自主推动完成。具备一定规模和经济实力的制造业企业都组建有自己的研发设计部门，负责本企业产品、技术研发。全市现有自治区级及以上企业技术中心 88 家，其中国家级 4 家。这些技术中心绝大部分隶属于制造业企业内部，特别是 4 家国家级企业技术中心分属于三大支柱产业的 4 家龙头制造业企业。这一现象导致科研技术力量分散，无法实现研发设计模块内部的层级专业化分工，产业创新效率不高，工业研发设计服务企业的诱导力不足。二是金融服务业在河东片区形成集中发展的格局，并向柳东新区拓展，一方面仍是以传统金融产品与服务为主导，产业金融服务能力较弱，支撑制造业效率提高、转型升级的特色新型现代金融产品和服务较少；另一方面股权投资、财富管理等新金融业态发展短板较多。三是“互联网 +”信息服务业在柳州尚处于起步阶段，管理咨询服务企业普遍规模较小，缺乏品牌知名度。

（六）协同发展评价结论与启示

1. 协同发展结论及对策

由灰色网格关联度模型测算结果可知，柳州制造业与生产性服务业在2009～2018年关联度虽呈现波动上升的趋势，但整体关联度还是较弱，无论是协同程度还是协同发展层次都比较低。进一步的原因分析表明：制造业产业集中度较高、生产性服务业发展规模相对较小抑制了分工协同机制的作用；制造业大型企业较少，生产性服务业服务能力和水平较低影响了创新协同机制的形成和作用发挥。对策如下：

（1）增强分工协同机制作用。从推动制造业与生产性服务业拓展互动合作领域着手强化分工协同机制作用。一方面，大力发展新兴产业，促进制造业形成多点开花的发展格局。在当前汽车、钢铁、机械三大支柱产业具有较强发展优势的情况下，重点引导和发展具备比较宽广市场前景的高端装备制造业、新一代电子信息技术、生物与制药等产业，通过项目引进，与先进企业合作等方式培育相关行业，依托柳州良好的工业发展基础和经验，加大人才、资金等创新要素的投入，做大、做强相关行业，加快形成新的经济增长点。另一方面，瞄准柳州制造业发展的前沿“热点”和关键“痛点”，提升生产性服务的能力。针对柳州当前三大支柱产业面临转型升级、新兴产业发展缓慢等紧迫问题，重点发展面向制造业的工业设计服务、产业金融服务、现代信息技术服务等高层次服务业；并在现有商贸服务业发展的基础上，鼓励支柱产业骨干企业与电商企业进行深层次合作，构建成本低、针对性强的全产业链电商平台；积极推动传统物流的专业化和社会化，大力发展第三方物流，促进桂中海迅、五菱物流等第三方物流公司向第四方物流公司转型升级。

（2）提升创新协同机制作用。主要是以加强制造业和生产性服务业创新能力作为切入点，促进创新协同机制充分发挥作用。一方面，制造业特别是传统优势产业和新兴产业应积极推进与东部相关行业先进企业合作，通过引进投资、购买技术或服务、加强技术人员的交流等方式快速提升企业技术水平、增强企业创新能力，既能促进制造业成为柳州创新洼地，推动创新协同机制有效运行；又能随着制造业产业发展水平和竞争力的提高，带动本地市场生产性服务特别是高层次服务需求的增长，为柳州知识密集型服务业发展奠定基础。另一方面，生产性服务业需积极承接东部知识密集型服务企业或服务外包项目，加大知识型劳动力培养力度，充分发挥人力成本较低的相对区位优势，逐步形成和壮大本区域高级生产性服务的供给能力，推动知识密集型服务业集聚，进而通过优化竞合效应，使柳州生产性服务业成为创新的又一发源地，为创新协同机制有效运行增强驱动力。

（3）加大制度协同机制作用。重点是为分工协同和创新协同机制提供良好的外部环境和保障条件。一方面，积极推动发展平台型龙头服务企业，依托其强大的衔接功能将有经济联系的主体组织起来，形成共享资源、共创价值、虚拟集聚的产业价值生态链。通过引导和鼓励本地支柱行业骨干企业的先进服务部门剥离重组或从东部地区引进成熟、先进的平台运营服务商，组建满足制造业各级需求的平台型龙头服务企业，借助于物联网、大数据分析等智慧信息技术搭建信息平台，为制造业企业、供应链协助伙伴、第三方服务商、终端顾客提供便捷的沟通合作渠道，在提升原材料供应商、制造商、服务商、终端消费者跨行业联动效率的同时，为各产业的分工协同和创新协同创造良好条件。另一方面，加大重点领域的政府引导和监督力度，加强各级各类人才的引进力度，特别是重点行业领域的高水平精英人才引入，为柳州各行业发展提供良好的制度环境及充分的要素保障。

2. 制造业与生产性服务业发展方向的启示

（1）制造业：一方面要大力发展新兴产业，通过项目引进、与先进企业合作等方式培育相关行业，依托柳州良好的工业发展基础和经验，加快培育经济增长新动能。另一方面制造业特别是传统优势产业应积极与东部发达城市制造业企业交流合作，通过引进投资、购买技术或服务、加强技术人员的交流等方式快速提升企业技术水平、增强企业创新能力。此外，积极参与配合共享资源、共创价值的产业价值生态链平台建设，促进制造业企业间、其他行业间的交易成本下降，合作效率提升。

（2）生产性服务业：首先，针对柳州制造业发展的前沿“热点”和关键“痛点”，重点发展面向制造业的工业设计服务、产业金融服务、现代信息技术服务等高层次服务业，提升生产性服务的能力和层次。其次，积极承接东部知识密集型服务企业或服务外包项目，加大知识型劳动力培养力度，充分发挥人力成本较低的相对区位优势，逐步形成和壮大本区域高级生产性服务的供给能力，推动知识密集型服务业集聚，进而通过优化竞合效应，推动柳州生产性服务业创新能力提升。最后，积极创新发展平台型龙头服务企业，为制造业企业、供应链协助伙伴、第三方服务商、终端顾客提供便捷的沟通合作渠道，促进柳州各产业协同发展和整体产业竞争力提升。

十五、柳州与粤港澳大湾区对接融合促进产业协同发展可行性研究

从前文分析可以看出，制约柳州当前二三产业协同发展的关键问题是：制造业支柱产业过于集中，传统优势产业企业小而散，新兴产业发展乏力问题；生产性服务业服务能力低问题。而粤港澳大湾区产业不仅体系完备，而且发展水平领先全国；同时作为重大国家战略，以打造世界级城市群和国际科技创新中心为目标，未来更是具备强大的对周边地区的辐射和带动作用。柳州位于紧邻广东的广西，具有地理优势，并且工业基础雄厚，具备对接融入大湾区的基本条件。若能顺利融入粤港澳大湾区经济活动中，充分利用粤港澳大湾区的资本、技术、人才带动柳州制造业转型升级和生产性服务业水平提升，将加快柳州经济转型速度，有力促进经济高质量发展。但支柱产业、传统优势产业、新兴产业、生产性服务业发展的水平和特点不同，相关行业在大湾区各区域发展也不均衡，各行业选择的对接目的地和对接模式也有所不同，因此，必须先对包含汽车制造业在内的 15 个重点制造业行业和 6 个生产性服务业行业具体分析与大湾区各城市对接融合的基础及可行性。本部分将从定性和定量两个角度对重点行业与

粤港澳大湾区对接融合的可行性展开分析。

（一）柳州与粤港澳大湾区对接融合可行性的定性分析

1. 柳州经济基础较好

近年来，柳州经济持续保持平稳向好的发展趋势，经济发展整体情况良好。2018 年，柳州市 GDP 为3058.65 亿元，增速为6.4%，人均 GDP 为75945 元，近年来均超越全国平均水平，位列全区第一（见图3－8）。良好的经济发展水平能为产业发展提供必要的基础条件保障。

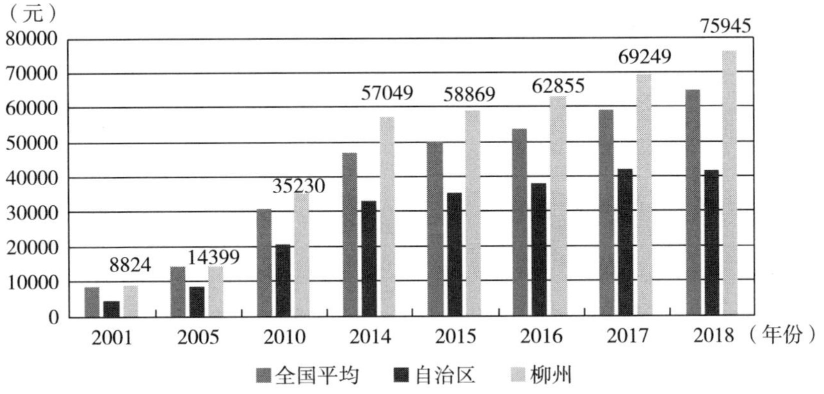

图3－8　柳州与全区、全国人均 GDP 对比

同时，柳州人口长期保持平稳增长，城镇化水平也一直保持全区领先，如图3－9 所示，这不仅为产业发展提供了劳动力保障，人口稳定增长和城镇化率的提高以及人均 GDP 水平的提升，也为本地消费需求能力提升奠定了基础，有利于本地产业的发展。

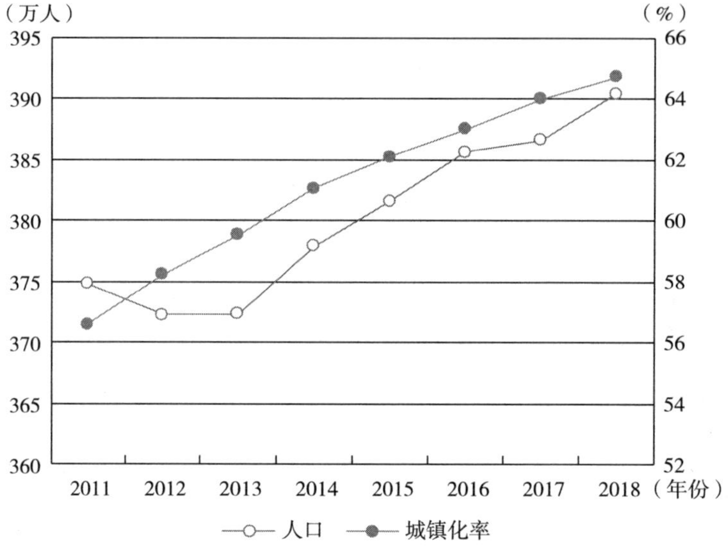

图 3－9　柳州总人口与城镇化率趋势

2. 柳州区位优势明显

柳州位于广西中部偏东北，是沟通我国西南与中南、华东、华南地区的重要铁路枢纽，素有“桂中商埠”之称，是与东盟双向往来产品加工贸易基地和物流中转基地城市，西南出海大通道集散枢纽城市，“一带一路”有机衔接门户的重要节点和西部大开发战略中西江经济带的龙头城市和核心城市。从与大湾区的相对位置来看，柳州地处大湾区的经济腹地，与大湾区最近城市肇庆直线距离不到 400 千米，核心城市广州直线距离 400 多千米，而已经规划正在开展前期工作的柳广铁路直接将柳州、肇庆和广州连接起来，柳州到达大湾区将不到 2 小时，柳州到大湾区的交通运输成本将进一步降低。

3. 柳州工业基础坚实

柳州西部传统工业城市经过多年的发展目前已形成以汽车、钢铁、机械三大产业为支柱产业，化工及日化产业、轻工产业等为传统优势产业的工业发展格局，涉及工业行业门类比较齐全。2018 年，柳州工业总产值达到 5146. 88 亿元，规模以上工业增加值 1409. 5 亿元，持续保持稳定增长态势；规模以上工业企业利润增长 25. 4%，固定资产投资增长 15. 4%，工业发展质量不断提升。其中，三大支柱产业规模大、竞争力强，不仅在区内独占鳌头，在国内外也具有一定的影响力。

（二）制造业重点行业与粤港澳大湾区对接融合可行性的定量分析

由于澳门和香港统计口径与内地不一致，同时，制造业主要集中于大湾区中的广东省 9 市，而生产性服务业在这 9 市发展水平也较高，因此，本部分定量分析选择这 9 个城市和柳州市作为研究区域。具体研究思路为：以柳州的 21 个制造业和生产性服务业重点行业为研究对象，基于大湾区包含的广东省 9 市与柳州市区域间产业转移的视角，运用产业梯度转移理论，分析 21 个重点行业在各城市产业集聚或转移状态及趋势、辐射带动作用差异，据此深入剖析柳州是否具备合作优势，其制造业和生产性服务业重点行业与大湾区对接的可行性与模式特点。

1. 研究方法

（1）规模集聚指数（SAI_{ij}）。

规模集聚指数 SAI_{ij} 反映的是行业 i 在城市 j 中现有生产规模和产出水平，可以直观衡量当前行业 i 在研究区域的空间分布，SAI_{ij} 的值越大，表明当前行业 i 在城市 j 的集聚程度越高。其计算公式如下：

$$SAI_{ij}^{A} = \frac{n \times x_{ij}}{\sum_{j=1}^{n} x_{ij}} \tag{3-15}$$

其中，n = 1，2，…，10 表示研究区域所包含的 10 个城市；x_{ij} 表示行业 i 在城市 j 的产值（由于服务业不统计产值，因此，生产性服务业为从业人数，下同）。

（2）产业梯度系数（IGC_{ij}）。

制造业行业产业梯度系数 IGC_{ij} 反映的是行业 i 在城市 j 中所处的产业梯度层级，其系数值越大，表明第 j 城市的 i 行业所处的产业梯度层级越高，在区域中的竞争优势越大，行业合作基础越牢固。其水平主要受市场因素和创新因素的影响，用区位熵和比较劳动生产率综合来衡量，具体计算公式如下：

$$IGC_{ij} = \frac{x_{ij} / \sum_{j=1}^{n} x_{ij}}{X_j / \sum_{j=1}^{n} X_j} \times \frac{x_{ij} / e_{ij}}{\sum_{j=1}^{n} x_{ij} / \sum_{j=1}^{n} e_{ij}} \tag{3-16}$$

IGC_{ij} 表示行业 i 在城市 j 所处的产业梯度层级；x_{ij} 表示行业 i 在城市 j 的产值；n = 1，2，…，10 表示研究区域所包含的 10 个城市；X_j 表示城市 j 的工业总产值；e_{ij} 表示城市 j 中行业 i 的从业人数。

生产性服务业各行业由于没有统计生产总值，直接用区位熵来反映产业集中程度，从而间接代表产业梯度层级。因此，城市 j 生产性服务业行业 i 的产业梯度系数具体计算公式如下：

$$IGC_{ij} = \frac{e_{ij} / \sum_{j=1}^{n} e_{ij}}{L_j / \sum_{j=1}^{n} L_j} \tag{3-17}$$

2. 研究行业及数据来源

本部分研究对象为第二部分所分析得到的柳州 15 个制造业重点行业和 6 个生产性服务业：汽车制造业，黑色金属冶炼和压延加工业，专用设备制造业，通用设备制造业，化学原料和化学制品制造业，食品制造业，纺织业，家具制造业，木材加工和木、竹、藤、棕、草制品业，农副食品加工业，纺织服装、服饰业，医药制造业，仪器仪表制造业，电气机械和器材制造业，铁路、船舶、航空航天和其他运输设备制造业；批发和零售业，交通运输、仓储和邮政业，信息传输、软件和信息技术服务业，金融业，租赁和商务服务业，科学研究和技术服务业。根据产业梯度转移理论中的产业梯度系数、动态集聚指数涉及的主要是各行业及地区工业总产值、从业人数，本研究研究期为 2012～2018 年，数据主要来源于 2013～2019 年的各城市统计年鉴及《中国城市统计年鉴》。

3. 重点行业在各城市集聚特点分析

根据规模集聚指数，将各城市 15 个重点制造业行业产值和 6 个生产性服务业行业就业人数分别按年份加总，得到各城市重点制造业和生产性服务业 2012～2018 年的产值、就业人数，据此计算出各城市 2012～2018 年的两大类行业综合规模集聚指数，如表 3－6、表 3－7 所示。

表 3-6　2012~2018 年各城市重点制造业规模集聚指数趋势

城市 年份	广州	深圳	珠海	佛山	惠州	东莞	中山	江门	肇庆	柳州
2012	2.0928	1.0739	0.3851	1.8321	0.2980	0.7678	0.6518	0.3121	1.9183	0.6682
2013	2.1192	1.0434	0.3827	1.8455	0.3181	0.7526	0.5921	0.3116	1.9588	0.6761
2014	2.0097	1.0191	0.3452	1.8560	0.3556	0.7138	0.5891	0.3372	2.0849	0.6895
2015	2.4560	1.2416	0.4136	2.2678	0.4490	0.8670	0.7322	0.4401	0.2811	0.8515
2016	2.3806	1.3120	0.4235	2.3091	0.4844	0.8329	0.7097	0.4426	0.2592	0.8462
2017	2.2569	1.4782	0.4216	2.2903	0.4999	1.0107	0.5280	0.4386	0.1874	0.8883
2018	2.2894	1.5062	0.4690	2.3112	0.4209	1.0270	0.5184	0.4373	0.1791	0.8414
趋势	增长	增长	增长	增长	增长	增长	下降	增长	下降	增长

表 3-7　2012~2018 年各城市生产性服务业规模集聚指数趋势

城市 年份	广州	深圳	珠海	佛山	惠州	东莞	中山	江门	肇庆	柳州
2012	3.1606	3.5787	0.4028	1.1575	0.5931	0.0668	0.4314	0.4379	0.0501	0.1211
2013	3.1100	3.7517	0.3137	1.0707	0.5547	0.2162	0.4336	0.4022	0.0545	0.0926
2014	3.0597	3.8034	0.3209	1.0962	0.5610	0.2075	0.3923	0.4084	0.0552	0.0955
2015	2.8245	3.4797	0.2784	0.9918	0.5143	1.0444	0.3547	0.3754	0.0565	0.0803
2016	3.0864	3.8758	0.3048	1.0554	0.5525	0.2077	0.3778	0.3982	0.0572	0.0842
2017	2.9258	3.4996	0.2835	0.9564	0.5036	0.9989	0.3478	0.3619	0.0496	0.0728
2018	3.0016	3.5635	0.2822	0.9249	0.4752	0.9418	0.3567	0.3498	0.0443	0.0598
趋势	持平	持平	下降	持平	下降	增长	下降	下降	下降	下降

（1）重点制造业各城市集聚特点。

由表 3-6 可以看出，2012~2018 年，10 个城市 15 个重点制造业行业整体呈现集聚程度不断加强趋势；从各城市来看，除中山和肇庆集聚程度出现下降趋势外，其他 8 个城市均表现出显著的增长态势，其中，广州、佛山、深圳历年规模集聚指数均保持在1以上，表明这些城市重点制造业集聚中心地位稳固并在不断强化。根据规模集聚指数的趋势及取值是否大于1，把10个城市分为以下三类，如表3－8所示。

表3－8　不同城市重点制造业行业综合静态集聚趋势特点

类别	城市	特点
第一类	广州、佛山、深圳	集聚中心并且集聚程度不断提升
第二类	东莞、柳州、珠海、江门、惠州	非集聚中心但集聚程度在加强
第三类	肇庆、中山	非集聚中心但集聚程度在减弱

对柳州而言，与9个大湾区城市相比，重点制造业行业综合静态集聚指数虽然历年均低于1，不能构成集聚中心，但仍处在中等偏上水平，并呈现逐年增长趋势，表明15个重点制造业整体发展基础较好，具备与大湾区对接融合的产业基本条件。在重点制造业领域，大湾区既有与柳州水平相近的兄弟城市东莞、珠海、江门、惠州，又有有待追赶的前辈城市广州、佛山、深圳，可以根据具体行业发展特点进行同水平区域合作、发达地区与欠发达地区合作等多样化的产业协作。

（2）生产性服务业各城市集聚特点。

由表3－7可以看出，10个城市6个生产性服务业整体呈现集聚程度不断下降的趋势；从各城市来看，除东莞集聚程度出现增长趋势外，其他有6个城市均表现出显著的下降态势；同时，除广州、深圳、佛山历年规模集聚指数接近或超过1外，其他城市绝大部分年份都远远低于1。根据生产性服务业规模集聚指数的趋势及取值是否大于1，把10个城市分为以下三类，如表3－9所示。

对柳州而言，生产性服务业发展水平落后于重点制造业，与9个大湾区城市相比，生产性服务业规模静态集聚指数不仅处于摆尾的位置，而且历年均在0.2以下，并呈现逐年下降趋势。这说明受生产性服务业发展先天不足的影响，柳州生产性服务业除要解决自身发展存在的问题外，还需要克服周边发达地区“虹吸效应”问题，因此，生产性服务业与大湾区对接融合初期主要采用发达地区与落后地区的产业合作方式。

表3-9　不同城市重点制造业行业综合规模集聚趋势特点

类别	城市	特点
第一类	广州、佛山、深圳	集聚中心并且集聚程度比较稳定
第二类	东莞	非集聚中心但集聚程度在加强
第三类	珠海、惠州、中山、江门、柳州、肇庆	非集聚中心且集聚程度在减弱

4. 柳州与大湾区城市重点行业产业梯度差异分析

运用2018年各城市各重点行业销售产值和从业人数相关数据，测算得到制造业和生产性服务业各研究行业产业梯度系数，其中，由于2012～2018年中山各行业从业人数缺失，因此，中山市的产业梯度系数IGC_{ij}无法计算。

（1）制造业重点行业产业梯度差异分析。

从表3-10可以看出，制造业15个重点行业在大湾区各城市产业梯度系数差异较大，表明各行业在大湾区已形成差异化布局。从柳州情况来看，除在汽车制造业，黑色金属冶炼和压延加工业，专用设备制造业以及木材加工和木、竹、藤、棕、草制品业方面产业梯度系数高于1，具备一定的区域相对竞争优势外，其他行业竞争力均比较弱，特别是医药制造等新兴产业。

表 3－10　2018 年各城市重点制造业行业产业梯度系数

制造业行业＼城市	广州	深圳	珠海	佛山	惠州	东莞	江门	肇庆	柳州
汽车制造业	6.468	0.353	0.284	0.600	0.319	0.197	0.256	0.343	5.413
黑色金属冶炼和压延加工业	3.098	0.191	4.297	4.056	0.163	0.597	3.764	0.801	26.233
专用设备制造业	0.217	1.062	0.338	1.492	0.152	0.740	0.376	0.895	1.928
通用设备制造业	0.444	0.631	2.269	1.219	0.213	1.479	1.157	0.752	0.793
化学原料和化学制品制造业	2.011	0.329	4.842	1.617	13.534	0.852	8.623	2.645	0.294
食品制造业	1.222	0.118	1.215	2.540	0.012	0.737	2.254	2.431	0.747
纺织业	0.255	0.191	0.159	3.123	0.147	0.547	1.478	1.091	0.383
家具制造业	0.394	0.240	0.113	1.229	0.779	0.774	0.756	1.928	0.264
木材加工和木、竹、藤、棕、草制品业	0.122	0.179	0.406	1.169	0.417	0.582	1.038	10.149	5.402
农副食品加工业	1.889	1.534	2.978	2.340	0.822	17.503	4.871	1.786	0.639
纺织服装、服饰业	0.151	0.187	0.122	0.718	0.162	1.083	0.718	0.522	0.030
医药制造业	0.753	1.462	5.673	0.527	0.214	0.215	0.356	0.510	0.284
仪器仪表制造业	0.208	1.391	2.890	0.231	0.102	0.843	0.023	0.180	0.088
电气机械和器材制造业	0.252	0.835	1.497	2.043	0.603	0.639	0.824	0.181	0.061
铁路、船舶、航空航天和其他运输设备制造业	2.947	0.278	1.842	0.794	0.082	0.532	4.959	0.006	0.020

根据产业转移梯度理论，区域间产业转移的前提条件是区域间存在产业梯度差。根据表 3－10 整理出 15 个制造业行业在区域内具备竞争优势（产业梯度系数大于 1），同时比柳州产业梯度系数大或相当的大湾区城市如表 3－11 所示。

表 3-11　2018 年重点制造业各行业产业梯度系数高于柳州或相当的城市统计

制造业行业	与柳州存在产业梯度差的城市	与柳州产业梯度相当的城市
汽车制造业	广州	—
黑色金属冶炼和压延加工业	—	广州、珠海、佛山、江门
专用设备制造业	—	深圳、佛山
通用设备制造业	珠海、佛山	—
化学原料和化学制品制造业	广州、珠海、佛山、惠州、江门、肇庆	—
食品制造业	广州、珠海、佛山、江门、肇庆	—
纺织业	佛山、江门、肇庆	—
家具制造业	佛山、肇庆	—
木材加工和木、竹、藤、棕、草制品业	肇庆	—
农副食品加工业	广州、深圳、珠海、佛山、东莞、江门、肇庆	—
纺织服装、服饰业	东莞	—
医药制造业	深圳、珠海	—
仪器仪表制造业	深圳、珠海	—
电气机械和器材制造业	珠海、佛山	—
铁路、船舶、航空航天和其他运输设备制造业	广州、珠海、江门	—

由表 3-11 可以看出，除黑色金属冶炼和压延加工业、专用设备制造业产业梯度系数相当外，其他 13 个行业在大湾区均存在与柳州有产业梯度差的城市，因此，柳州这些行业具备承接大湾区特定城市产业转移的基本条件。

（2）生产性服务业产业梯度差异分析。

从表 3-12 可以看出，生产性服务业各行业主要在广州和深圳产业梯度系数较高，其中，在广州各行业均大于1。而柳州六大生产性服务业中除金融业产业梯度系数大于1之外，其他均小于1，表明柳州生产性服务业与大湾区相比竞争力差距还很大，可以重点与广州、深圳通过跨区域共建产业园、引进企业来柳投资、设立分支机构等方式开展对接融合。

表3-12　2018年各城市生产性服务业各行业产业梯度系数

制造业行业＼城市	广州	深圳	珠海	佛山	惠州	东莞	中山	江门	肇庆	柳州
批发和零售业	1.682	0.978	0.876	1.112	0.784	0.558	0.558	1.020	0.254	0.226
交通运输、仓储和邮政业	2.015	0.969	0.926	0.720	0.629	0.684	0.434	0.442	0.577	0.780
信息传输、软件和信息技术服务业	1.568	1.666	1.158	0.482	0.222	0.342	0.235	0.243	0.301	0.190
金融业	1.211	1.195	1.147	1.084	0.903	0.347	0.579	0.994	1.708	1.629
租赁和商务服务业	1.147	1.391	0.917	0.514	0.162	1.271	0.621	0.397	0.153	0.868
科学研究和技术服务业	1.612	1.435	0.851	0.509	0.142	0.651	0.577	0.296	0.360	0.677

（三）柳州与粤港澳大湾区对接融合可行性分析结论

由以上定性和定量分析可以看出，柳州地理位置优越，经济和工业发展基础较好，具备与发达地区进行产业对接融合的基本能力和条件；同时，柳州未来制造业和生产性服务业发展的方向与大湾区一致，其中少部分具有较强区域竞争力的行业具备与大湾区进行并行合作的产业基础，大部分存在较大产业梯度差异的行业具备承接大湾区产业转移的客观条件；并且由于大湾区各城市产业发展特点的不同，不同重点行业适宜对接的城市不同。

十六、柳州与粤港澳大湾区对接融合促进产业协同发展的实现路径

由柳州与粤港澳大湾区对接融合可行性分析可知，柳州各重点发展行业与大湾区各城市产业梯度差异不同，因此，对接融合的模式和对象也必须据此进行调整。本部分将以实现柳州产业转型升级，形成与发达区域共同主导产业价值链能力为目标，以柳州产业协同特别是制造业与生产性服务业的协同发展为着力点，并根据各行业发展和城市产业的特点，构建柳州与粤港澳大湾区的对接融合“三阶段”路径，包含各重点行业与大湾区对接城市、对接方向、对接模式。

（一）柳州与粤港澳大湾区产业对接融合的模式

柳州地处欠发达的西部地区，发展空间大、劳动力成本低；而大湾区作为东部沿海发达地区，经济发展规模大，创新能力强，两地开展区域间产业对接融合可以实现互利共赢。根据区域分工及区域经济发展相关理论

以及其他地区产业合作的经验，柳州与粤港澳大湾区产业对接融合可以采用以下几种模式：

第一，配套服务模式。随着经济全球化和区域一体化的发展，区域间产业分工的形式不断创新，由传统的产业间分工、产业内分工发展到产业链分工（李可人，2019）。产业链分工的发展与成熟，为经济发展能力较弱的欠发达地区集中力量发展特色主导产业提供了广阔的空间。柳州可以根据大湾区的产业发展方向，选择适合自身发展的特定产业环节作为主攻方向、形成特色优势产业，与大湾区主导产业配套或嵌入大湾区主导产业的发展链条中，以此为媒介借助大湾区经济发展带动本区域经济发展。

第二，并行合作模式。柳州汽车、钢铁、机械产业发展基础较好，部分产品在国内外具有一定的影响力，已经形成一些自主竞争力比较强的大企业，而大湾区这三大行业整体发展规模大、技术比较先进，可以与大湾区大企、名企的通过优势互补建立协同创新、共同发展关系，形成并行合作模式（李可人，2019）。一方面带动三大支柱产业的技术水平和创新能力的提升，另一方面也能拉动相关配套产业和关联行业的发展。

第三，承接转移模式。柳州未来重点发展的行业，无论是制造业还是生产性服务业，都普遍与大湾区发达城市存在较大的产业梯度差异，在这一经济势差的推动下，这些行业具备从大湾区发达城市向柳州转移的内在动力。柳州可以积极与相关城市对接，主动营造良好的企业发展环境，承接这些城市的目标产业转移，从而提升本地相关产业的生产技术和创新能力，促进本地产业转型升级和经济发展。

第四，共建园区模式。柳州和大湾区对应城市可以基于两地产业培育发展的需要，整合两地资源实现优势互补，共同建设划定的产业园区，实行跨城市的管理和经济开发，形成发展利益共享的共建园区发展模式（李松，2017）。柳州相对低廉的劳动力成本、充足的建设用地储备，良好的生态环境和产业发展基础，成为与大湾区城市共建园区的有力保障。

（二）柳州各重点产业与粤港澳大湾区对接融合的方案

根据柳州“5+5”产业发展格局规划，将上述21个重点行业分别划分到汽车、钢铁、机械、化工及日化、轻工五大传统优势产业与高端装备制造业、新一代电子信息技术产业、节能环保产业、生物与制药产业和生产性服务业5个新兴产业中。同时，根据上述柳州各重点产业与大湾区9个城市的产业梯度差异，并综合这些区域各产业发展的方向和特点，得到这十大行业对接地区、对接重点领域、对接模式的方案，具体如表3-13所示。

表3-13 柳州“5+5”重点产业与大湾区对接融合具体方案[20-23]

序号	产业	涉及行业	对接城市	对接重点领域	对接模式
1	汽车产业	汽车制造业	广州 深圳 佛山	（1）与汽车强企联合，促进汽车产业轻量化、高端化、智能网联化发展 （2）引进汽车产业先进制造技术，提升产品质量，并拓展乘用车、商用车产品类型，开发特种专用车 （3）在发动机等具备批量生产能力的配件生产技术、产品质量方面进行技术攻关，力争成为大湾区汽车产业的配套产业，嵌入大湾区汽车产业发展链条 （4）引进汽车配套产业项目，着力引进新能源汽车电池、电机及电控等核心零部件技术和生产项目，完善汽车产业链和促进新能源汽车发展 （5）推动本地车企与大湾区互联网巨头合作，引进汽车“互联网+项目”	并行合作 配套服务 承接转移

续表

序号	产业	涉及行业	对接城市	对接重点领域	对接模式
2	冶金产业	黑色金属冶炼和压延加工业；有色金属冶炼和压延加工业等	广州 深圳	(1) 引进大湾区高端精品冶金项目和技术，丰富产品类别、延伸钢铁产业链 (2) 利用广西丰富的铝资源优势和本地汽车产业车用铝材的巨大需求，与大湾区高端有色金属生产研发企业合作，加快引进汽车用铝型材加工项目 (3) 依托柳州铟产业较好的发展基础，加快引进铟深加工项目和下游产品项目，延长产业链逐步形成产业集群 (4) 合作共建高端钢铁物流平台，与大湾区钢铁行业龙头电商合作，引进一批仓储物流、电子商务、商务贸易钢铁服务企业，完善钢铁物流产业体系	配套服务 承接转移
3	机械产业	专用设备制造业；通用设备制造业	广州 深圳 佛山 珠海	(1) 学习大湾区机械产业与互联网、大数据分析、人工智能深度融合模式，引入或合作研发机械信息化、自动化、智能化技术 (2) 推动工程机械产品向自动化、智能化方向发展 (3) 推动农机装备产品向自动化、高端化方向发展，积极开发贯穿耕、种、管、收全产业链农机设备，特别是适应亚热带地形特点和农产品的农机设备 (4) 与大湾区合作发展高端橡胶机械、包装机械、空压机等产品生产，提升汽车产业、农副食品加工业的配套能力 (5) 与大湾区节能环保制造业企业合作，培育发展垃圾转运设备、家用保洁机械等节能环保装备制造业	并行合作 配套服务 承接转移
4	化工及日化产业	化学原料和化学制品制造业；农副食品加工业	广州 佛山 深圳 中山 东莞	(1) 推进柳州七色珠光材料股份有限公司与大湾区化工企业及汽车涂料企业合作，争取成为大湾区相关产业的配套服务企业，带动该行业发展 (2) 引进大湾区先进的日化生产和产品研发技术，提升柳州日化产品生产水平和竞争力 (3) 与大湾区东糖集团等企业合作，推进制糖产业从初加工产品升级到精加工高附加值产品，同时延伸蔗糖产业链，形成完整的糖、纸、酒、肥循环产业链	配套服务 承接转移

续表

序号	产业	涉及行业	对接城市	对接重点领域	对接模式
5	轻工业	家具制造业；木材加工和木、竹、藤、棕、草制品业；纺织业；纺织服装；服饰业；食品制造业	广州 深圳 东莞 佛山	（1）引进大湾区企业和资本，共建“广西（柳州）针织服装产业园”，推动上下游配套企业集聚入园，壮大柳州服装产业 （2）引进大湾区企业和资本，共同建设优质原料蚕茧基地 （3）引进大湾区桑蚕生产加工一体化龙头企业和蚕丝绸精深加工企业，完善桑蚕茧丝绸产业链，提升丝绸纺织品的生产能力和水平 （4）充分利用本地木材资源丰富，家具生产成本低的优势，吸引大湾区知名家具企业来柳投资办厂，完善木材生产、加工、家具制造销售全产业链条，打造品牌，开拓海外市场	园区共建 配套服务 承接转移
6	高端制造业	铁路、船舶、航空航天和其他运输设备制造业；电气机械制造业等	广州 江门 珠海	（1）轨道交通产业可以利用大湾区产业集聚效应，通过项目引进和两地产业园区互动发展等方式，重点加快研发和生产牵引及控制系统、制动系统、车内电器、车辆通风与空调等产品，以及牵引供电、信号、通信和综合监控等机电系统设备，逐步构建全产业链发展模式 （2）智能电网产业应加强与大湾区电网企业合作，加快发展发、输、变、配、用电等领域关键设备和软件的研发制造，同时积极引进智能家居、虚拟电厂、智能变电站、智能变压器等智能用电、输变电设备，延伸智能电网产业链 （3）机器人制造业由于尚处于起步阶段，可以结合柳州工业市场需求重点引进大湾区工业机器人、系统集成和服务机器人制造业企业，加快推动本地驱动器、伺服系统、高精度减速器等关键部件的研发，促进机器人制造业快速培育发展	园区共建 承接转移

续表

序号	产业	涉及行业	对接城市	对接重点领域	对接模式
7	新一代电子信息技术产业	仪器仪表制造业；电气器材制造业	广州 深圳 东莞 惠州 中山 佛山 肇庆	（1）依托现有电子信息产业本地龙头企业，与大湾区企业通过合作研发、技术引进，着重发展汽车电子、现代通信设备、元器件制造、应用系统开发等新一代电子信息领域 （2）抓住大湾区电子信息产业转型升级机遇，主动引进承接发光功率器件封装及产品应用相关环节生产，形成较为完整的半导体照明产业链条	配套服务 承接转移
8	生物与制药产业	医药制造业	广州 深圳 珠海	（1）依托柳州及广西丰富的中药原材料优势，引进广东品牌中药企业技术、资金，合作推动经典名方的二次开发和及重要新剂型开发，中药制剂、药膳、药酒、药茶、饮品开发及产业化发展，推进中医药现代化 （2）推动本地生物制品龙头企业与大湾区先进生物医药工业基地合作，重点发展酵母深加工、食品添加剂、氨基酸等生物制品 （3）引进大湾区资本和技术合作开展中药材种植、养殖及加工，并成为大湾区生物医药企业的原材料供应基地	园区共建 配套服务 承接转移
9	节能环保产业	专用设备制造业；通用设备制造业	深圳 东莞 珠海	运用柳州机械制造业优势，与大湾区节能环保制造业企业合作，培育发展垃圾转运设备、家用保洁机械等节能环保装备制造业	承接转移

续表

序号	产业	涉及行业	对接城市	对接重点领域	对接模式
10	生产性服务业	批发和零售业；交通运输、仓储和邮政业；信息传输、软件和信息技术服务业；金融业；租赁和商务服务业；科学研究和技术服务业	广州 深圳 香港	（1）工业设计产业以北部生态新区广西工业设计城为载体，以洛可可公司等龙头企业为桥梁，加快组建柳州与广州、深圳的工业设计联盟，将大湾区设计资源引入北部生态新区，强化汽车及零部件设计、工艺标准和规范设计，壮大本产业的同时带动相关产业发展 （2）充分运用大湾区工业大数据产业集聚区的优势，积极引进大湾区大数据企业，参与建设柳州工业大数据公共服务平台、新能源汽车大数据中心，并强化工业大数据在企业生产经营中的推广和应用，加快企业竞争力和创新能力的提升 （3）充分利用柳州物流地位日益增强的优势，以建设制造业物流中心为目标，从大湾区引进或培育一批业务精湛、服务能力强、国际化的物流供应链综合服务商，打造技术先进、高效快捷的工业物流体系 （4）借助本地工业发展带来的市场需求潜力，吸引大湾区成熟的电商平台或企业参与本地钢铁电子商务平台、网上汽车零部件交易平台等专业化电商平台建设，提升制造业企业经营效率和服务水平 （5）积极引进和新设大湾区各类金融机构，深化与港澳区域金融合作，促进柳州金融业集聚和服务能力提升	配套服务 承接转移

（三）柳州与粤港澳大湾区产业对接融合的总体路径

基于以上柳州各重点行业与大湾区对接融合方案，本部分以实现柳州产业转型升级、形成与发达区域共同主导产业价值链能力为目标，以柳州产业协同特别是制造业与生产性服务业的协同发展为着力点，构建柳州与粤港澳大湾区产业对接融合三阶段总体路径，如图 3－10 所示。

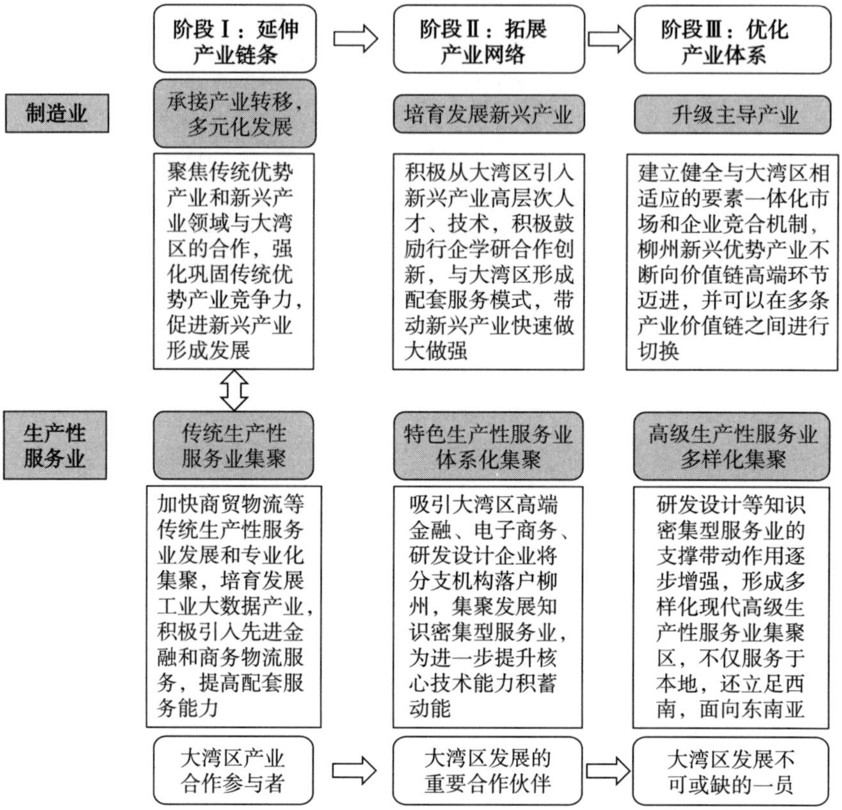

图 3－10　柳州与粤港澳大湾区产业对接融合总体路径示意

（1）延伸产业链条阶段：承接产业转移。一是侧重从大湾区合作研发或引入具备一定生产基础的生产、加工产业和相关技术，既包括汽车、钢铁、机械三大支柱产业及其配套产业、技术的引入，也包括家电、木材加工等非传统主导产业、技术的引入，同时通过以项目带产业、引进投资、购买技术或服务等方式培育高端制造、电子信息技术、装配式建筑、生物制药等新兴产业；二是以制造业内部结构调整带来的服务需求扩大为契机，加快商贸物流等传统生产性服务业发展和专业化集聚，借助广州、深圳大数据企业培育发展工业大数据产业，积极引入香港、广州、深圳先进的金融和商务物流服务，提高配套服务能力，助推制造业与生产性服务业的融合互动，带动产业基础能力提升和产业结构优化。作为产业对接融合的切入阶段，柳州以中高端服务、技术的市场和价值链中低端的加工、生产腹地身份参与到与粤港澳大湾区的产业合作中。

（2）拓展产业网络阶段：培育新兴产业。在夯实制造业产业基础和提升生产性服务业的服务能力后，一方面，积极从广州、深圳、珠海、佛山等城市引入高端制造、电子信息技术、生物医药等领域的高层次人才、技术，积极鼓励行企学研合作创新，促进机器人、汽车电子、医疗器械制造业、医药产品生产等领域在生产技术、产品功能、研发能力等方面有所突破，将产业链上某一环节或一段嵌入大湾区产业发展中，借力大湾区相关产业的发展带动柳州新兴产业发展壮大的同时提升本地制造业的生产技术水平和创新能力、拓展研发需求市场，推动柳州产业向网络化、广延化发展。另一方面，基于制造业生产、研发技术的水平提升和需求扩大，通过吸引香港、广州、深圳高端金融、电子商务、研发设计企业将分支机构落户柳州，集聚发展知识密集型服务业，为进一步积累本地知识创新与提升核心技术能力积蓄动能，促进产业创新。作为产业对接融合的中级阶段，柳州以高端人才、技术的市场，高、精、特加工、生产者，部分特色产业、技术来源地的角色成为粤港澳大湾区发展的合作伙伴。

（3）优化产业体系阶段：升级主导产业。基于高端制造等特色新兴产业的优势地位不断巩固提升，研发设计等知识密集型服务业的支撑带动作用逐步凸显，建立健全与大湾区相适应的人才、资本、技术标准、信息、数据等要素一体化市场和企业竞合机制，依托粤港澳大湾区这一先进开放的大平台促进柳州优势产业向研发、金融、品牌、渠道等价值链高端环节迈进，并可以在多条产业价值链之间进行切换，担当模块供应、系统集成、规则设计等多重角色，形成主导国家价值链、区域价值链和全球价值链的优势领域并具备一定扩张能力，实现柳州产业转型升级能力的跨越式提升。作为产业对接融合的最高阶段，柳州以一体化要素市场的一分子，与发达区域共同主导产业价值链，可以在多条价值链之间进行切换并充当链主、模块供应商等多样化角色，成为粤港澳大湾区发展不可或缺的一员。

十七、促进柳州与粤港澳大湾区对接融合的保障体系

为了保障柳州与粤港澳大湾区对接融合的整体推进策略的顺利实施，要重点从加强交通设施建设、畅通沟通协作机制、优化产业转移机制、加大产业政策扶持、创新人才交流渠道五个方面构建完善区域间产业对接融合所需的条件和因素。

（一）加强交通设施建设

统筹实施铁路、公路、水运、航空、城市交通项目建设，促进与大湾区互联互通综合运输通道早日建成。

一方面，加快与粤港澳大湾区客货运输通道建设。重点推进柳州经梧州至广州高铁、柳州经贺州至韶关铁路、柳州至广州货运铁路、衡阳经桂林经柳州至南宁高铁、黔桂铁路扩能等项目建设，形成有效衔接贵广高铁、贵南高铁和湘桂高铁通道的铁路快速客运网络。推进桂林至柳城、融

水至河池、柳州经合山至南宁等高速公路项目建设，构造联结大湾区高速公路快速干道。加快柳江、融江航道整治及港口工程项目建设，整合跨区域港口资源，加强西江黄金水道建设，形成柳州制造业产品水运直航粤港澳大湾区的大通道。强化与粤港澳大湾区城市群航空航线互联互通，争取开通到香港、澳门及广州等粤港澳大湾区更多城市的直达航线，扩大服务网络和提升服务质量。

另一方面，完善柳州市内交通设施建设。加快推进柳州铁路港和重点产业园区的支专线铁路建设，高质量做好柳州保税物流中心（B 型）的封关后运行工作，促使更多货物在柳州集拼中转和集拼分散，加快柳州朝建设国际通道的核心枢纽迈进。推动柳州绕城高速重点项目加紧建设，积极推进梅林等水利枢纽工程等项目建设，通过完善市政道路、优化轨道交通、创新城市公共交通方式等途径提升机场、火车站与城市交通衔接的便捷性。

（二）畅通沟通协作机制

在已经出台的《柳州全面对接粤港澳大湾区主动引领珠江—西江经济带建设三年行动计划（2019—2021 年）》中，将各项重点任务落实到具体负责部门。在此基础上，第一，成立大湾区对接融合领导小组，负责按照自治区和柳州市政府的决策部署，统筹推进与粤港澳大湾区对接融合的总体工作，指导和督促相关城区、部门按时完成各阶段任务。注重以目标考核为抓手推进对接融合，定期开展与粤港澳大湾区对接融合工作评价考核，在权责统一、明晰的基础上，建立相应绩效考核机制，并争取将有关指标纳入柳州市各级领导干部落实中心工作的考核体系当中。第二，定期开展产业对接融合交流会，在尊重市场经济规律的基础上，研究解决各城区、各部门工作推进过程中出现的重大问题，重点构建和强化柳州与粤港澳大湾区区际市际长效合作机制与协调磋商机制，确保各项合作事项的落实落地。第三，在柳州市驻广州、深圳联络处已设立“双招双引”工作站的基础上，积极择机在佛山、东莞等粤港澳大湾区重要工业城市增设这类工作站，主要负责向当地宣传柳州城市特色、发展优势、重点产业、人才新政，搭建柳州与当地政府、行业协会、龙头企业沟通交流的常设渠道，从而在更大的空间范围内整合资源、拓展渠道、强化支撑、发挥驻地粤港澳大湾区城市的资源禀赋和区位优势，吸引更多企业和社会各界人士来柳州考察投资，进而以落地前景广阔的产业项目增强柳州对人才的附着力和吸引力。

（三）优化产业转移机制

与粤港澳大湾区对接融合、承接产业转移是柳州制造业转型升级的重要途径，更是柳州实现生产性服务业集聚跨越式发展的关键契机。为突破以往西部欠发达地区承接东部发达地区产业转移始终处于“只见项目，不见产业”的“企业转移陷阱”及难以形成具有自我发展能力的优势产业的困境，柳州对接融合粤港澳大湾区的产业招商引资必须实施政策转型，即通过区域产业链整合把企业引进和产业培育紧密结合起来，以优势产业成长带动本地经济高质量发展。而本书则更进一步地明确表明，柳州承接粤港澳大湾区产业转移需要进行更为深刻的政策转型。也就是说，柳州承接粤港澳大湾区产业转移不仅需要在制造区段或环节进行产业链整合，还应向前超越一步，更迫切需要在重构集群式价值链网络的崭新框架下，考虑以生产性服务业集聚为纽带促进产业链整合，把承接制造业转移与推动制造业转型升级有机融合起来，实现区域经济增长和可持续发展的紧密统一。

坚持贯彻落实这一政策转型的思路，柳州所承接的粤港澳大湾区产业就不会是简单的过剩产能、落后产能、淘汰产能，而有可能变成真正的产业发展新动能，关键就是要实现从重制造引进、轻服务配套，向制造引进和服务配套统筹兼顾转变，从承接基于劳动和资源代工的产业转移，向承接基于知识代工的产业转移转变。柳州不仅要争取粤港澳大湾区的制造区段或环节落户，还要努力争取获得与之相配套的知识型服务工作机会，或者着力提升自身服务供给能力，以生产性服务业集聚帮助承接的制造企业延伸和重塑价值链条，为转移的技术密集型制造业（如电子信息、先进装备制造等）加速产业创新，或者为转移的劳动密集型、资本资源密集型制造业（如一般工业制成品、家居家具等）降低产业运营成本，构造“企业转移—价值网链重构—产业转型升级”的正向循环。

（四）加大产业政策扶持

第一，统筹运用国家、自治区财税优惠扶持政策，制定出台落户柳州的粤港澳大湾区投资企业、项目优惠政策，并从降低用地成本，创新用地方式等方面对重点支持的支柱产业、新兴产业项目、具有龙头带动性产业项目加大扶持力度。尤其是应努力扩充市级生产性服务业发展专项引导资金，扶持与粤港澳大湾区合作加快建成和集聚一批广覆盖、高水平的生产性服务业发展载体，如服务外包、研发设计等知识密集型服务业集群、（工业）互联网平台型龙头企业、第四方物流等商贸流通业系统集成商，从而尽快通过集中高端服务要素构建柳州生产性服务业发展新高地。

第二，同步加大金融招商力度，促进香港、广州、深圳的银行、保险、证券等传统金融机构在柳州设立区域业务管理总部，吸引风险投资公司、资产管理公司、私募股权投资基金在柳州设立经营机构，为柳州市众多特色制造企业提供便捷的产业金融服务。

第三，持续优化营商环境。在为企业开办"一站式"、全城通办等政务服务改革的基础上，对标粤港澳大湾区先进服务理念与模式，进一步提升政务服务质量和效率；建立有效的政企沟通渠道，及时了解粤港澳大湾区企业家来柳投资创业存在的困难，并提供力所能及的服务与帮助。

第四，创新实施"飞地经济"园区建设。积极引进大湾区城市在柳州建设发展"飞地经济"园区，聚焦主导制造业、战略性新兴产业、高端生产性服务业集聚发展方向，不断拓展"飞地经济"园区的数量和规模。按照合建园区分别管理、共建园区共同管理、租借园区自我管理的差异化模式，通过项目协作、技术支持、共同出资、资源互补等不同形式，建立并完善"飞地经济"园区跨区域利益分配机制和税收征管体系。同时，也积极鼓励柳州本地各类机构和企业在粤港澳大湾区城市如广州、深圳、肇庆、佛山等地建立"科创飞地""飞地经济"园区。

（五）创新人才交流渠道

第一，将招才引智与招商引资有机融合，打造柳州与粤港澳大湾区产才融合新格局，汇聚产业高质量发展新动能，依托与粤港澳大湾区开展高端人力资源战略合作项目、企业产学研合作项目等柔性载体，推动柳州成为人才集聚新高地。

第二，在管理人才方面，可以推动柳州与粤港澳大湾区建立挂职交流机制，促进两地产业政策向一致性方向发展。

第三，在技术人才方面，围绕汽车、钢铁、智能家电产业先行推动与佛山等地建立“点对点”人才交流平台，加大重点行业领域高技术人才的引进力度，创新与本地高等院校、中国科学院广州分院等粤港澳大湾区科研院所联合培养人才的模式，为产业发展提供高水平人才支撑。

参考文献

［1］ Jucevicius, R., Patasiene, I., Patasius, M. Digital Dimension of Smart City: Critical Analysis ［J］. Procedia—Social and Behavioral Sciences, 2014 (156): 146-150.

［2］ Kobayashi, T., Ikaruga, S. Development of A Smart City Planning Support Tool Using the Cooperative Method ［J］. Frontiers of Architectural Research, 2015 (4): 277-284.

［3］ Manning, S. New Silicon Valleys or A New Species? Commoditization of Knowledge Work and the Rise of Knowledge Services Clusters ［J］. Research Policy, 2013 (42): 379-390.

［4］ Pratt, A. C., Hutton, T. A. Reconceptualising the Relationship between the Creative Economy and the City: Learning from the Financial Crisis ［J］. Cities, 2013 (33): 86-95.

［5］［美］安东尼·汤森. 智慧城市［M］. 赛迪研究院专家组，译. 北京：中信出版社，2015.

［6］［美］克里斯·安德森. 创客：新工业革命［M］. 萧潇，译. 北京：中信出版社，2015.

[7] 毕秀晶．长三角城市群空间演化研究 [D]．上海：华东师范大学，2013.

[8] 陈赤平，李青松．湖南省生产性服务业与制造业互动发展研究 [J]．湘潭大学学报（哲学社会科学版），2015（1）：44－49.

[9] 池天河，彭玲，杨丽娜．智慧城市空间信息公共平台 [M]．北京：科学出版社，2015.

[10] 丁兆庆．三次产业协同带动实体经济发展 [J]．财会研究，2012（17）：24－25.

[11] 杜根旺，汪涛．跨区域产业合作的动因、方式和领域选择研究 [J]．科技和产业，2018（4）：1－8.

[12] 龚继东．以“绿色＋”引领柳州生态文明建设新征程 [N]．柳州日报，2018－01－05.

[13] 顾乃华，夏杰长．服务业发展与城市转型：基于广东实践的分类研究 [J]．广东社会科学，2011（4）：67－72.

[14] 国世平．粤港澳大湾区规划和全球定位 [M]．广州：广东人民出版社，2018.

[15] 洪进，余文涛，杨凤丽．人力资本、创意阶层及其区域空间分布研究 [J]．经济学家，2011（9）：28－35.

[16] 胡晨光，程惠芳，俞斌．“有为政府”与集聚经济圈的演进——一个基于长三角集聚经济圈的分析框架 [J]．管理世界，2011（2）：61－69＋80.

[17] 李春佳．智慧城市内涵、特征与发展途径研究——以北京智慧城市建设为例 [J]．现代城市研究，2015（5）：79－83.

[18] 李可人．粤港澳大湾区城市群产业互补性分析及协同路径创新 [J]．新经济，2019（11）：27－33.

［19］李松．中国智能制造业国际竞争力影响因素及其提升策略研究［D］．蚌埠：安徽财经大学，2017.

［20］李志启．何为智慧城市［J］．中国工程咨询，2015（6）：68－69.

［21］梁莎莎．广西工业云与工业大数据试点示范项目名单公示 龙城5个项目入选［N］．柳州日报，2017－06－01.

［22］刘金山，曾晓文，李雨培．中国智造业竞争力调研分析［J］．新疆师范大学学报（哲学社会科学版），2018（1）：124－132.

［23］刘震，党耀国，钱吴永，周伟杰．基于面板数据的灰色网格关联度模型［J］．系统工程理论与实践，2014（4）：991－996.

［24］刘志阳，苏东水．战略性新兴产业集群与第三类金融中心的协同演进机理［J］．学术月刊，2010（12）：68－75.

［25］柳州市国民经济和社会发展第十三个五年规划纲要［S］.2016.

［26］柳州市2018年国民经济和社会发展计划执行情况及2019年国民经济和社会发展计划报告［S］.2019.

［27］罗良文，赵凡．工业布局优化与长江经济带高质量发展：基于区域间产业转移视角［J］．改革，2019（2）：27－36.

［28］马卫红，黄繁华．生产者服务业与制造业的互动发展与行业差异——基于长三角地区的实证研究［J］．上海经济研究，2012（5）：75－84.

［29］倪庆东．建立科技创新融资风险补偿机制［J］．技术与市场，2015，22（4）：5.

［30］宁波市智慧城市建设工作领导小组办公室．宁波市智慧城市发展报告（2014）［M］．宁波：宁波出版社，2015.

［31］彭瑱．广西与先进省（市）智慧城市及大数据资源库建设应用对比研究［J］．广西城镇建设，2015（6）：123－126.

[32] 阮小雪. 中国智能制造能力综合分析及其对制造业的影响 [J]. 郑州航空工业管理学院学报, 2017 (5): 39-49.

[33] 上海社会科学院信息研究所, 电子政府研究中心. 上海智慧城市建设发展报告 (2015) [M] //智慧社区的建设与发展. 上海: 上海社会科学院出版社, 2015.

[34] 唐晓华, 张欣钰. 制造业与生产性服务业联动发展行业差异性分析 [J]. 经济与管理研究, 2016 (7): 83-93.

[35] 滕堂伟. 企业创新网络与长三角一体化: 基于上海 IC 产业的分析 [J]. 中国城市研究, 2015 (12): 277-290.

[36] 田敏, 刘宁, 杨明. 三次产业协同带动促进我国经济发展方式转变研究 [J]. 经济体制改革, 2011 (2): 31-33.

[37] 王树祥, 张明玉, 郭琦. 价值网络演变与企业网络结构升级 [J]. 中国工业经济, 2014 (3): 93-106.

[38] 王思语. 制造业服务化对我国制造业产业升级的影响研究 [D]. 北京: 对外经济贸易大学, 2018.

[39] 王战, 李耀新. 智慧·融合·跨界 [M]. 上海: 上海社会科学院出版社, 2015.

[40] 王子彦. 浅谈我国智慧城市建设的实施策略 [J]. 广西城镇建设, 2015 (5): 114-116.

[41] 魏江, 陶颜, 王琳. 知识密集型服务业的概念与分类研究 [J]. 中国软科学, 2007 (1): 33-41.

[42] 我国智慧城市建设若干关键问题研究课题组. 走向智慧城市: 我国智慧城市建设若干关键问题研究 [M]. 北京: 科学出版社, 2014.

[43] 巫细波. 广州智慧城市战略实践与展望 [M]. 广州: 中山大学出版社, 2015.

[44] 吴敬琏等．供给侧改革引领“十三五”［M］．北京：中信出版社，2016.

[45] 吴敏华．知识城市研究综述［J］．城市问题，2011（1）：29－35.

[46] 吴义爽，盛亚，蔡宁．基于互联网＋的大规模智能定制研究——青岛红领服饰与佛山维尚家具案例［J］．中国工业经济，2016（4）：127－143.

[47] 吴哲坤，金兆怀．关于我国虚拟产业集群发展的思考［J］．东北师大学报（哲学社会科学版），2015（6）：82－86.

[48] 夏铨锌．基于生态价值观的智能制造产业发展研究［D］．合肥：合肥工业大学，2017.

[49] 解树江，叶中华．中国智慧城市发展报告（2015）［M］．北京：中国金融出版社，2016.

[50] 谢晓萍等．微信力量［M］．北京：机械工业出版社，2015.

[51] 徐立岗，田家林，陈月梅．区域产业协同创新研究——以江苏为例［J］．管理世界，2012（15）：110－111.

[52] 徐力行，高伟凯．产业创新与产业协同——基于部门间产品嵌入式创新流的系统分析［J］．中国软科学，2007（6）：131－134.

[53] 徐印州．论珠江—西江经济带一体化发展体制机制创新［J］．改革与战略，2015（8）：89－96.

[54] 杨杰．四川省五大经济区三次产业协同发展研究［D］．成都：成都理工大学，2018.

[55] 杨秋红，夏茜，李帅乐等．基于智慧城市建设的广西智慧产业发展分析［J］．广西广播电视大学学报，2015（4）：67－72.

[56] 杨正洪．智慧城市：大数据、物联网和云计算之应用［M］．北京：清华大学出版社，2014.

［57］叶静怡，林佳、姜蕴璐．知识溢出、距离与创新——基于长三角城市群的实证分析［J］．世界经济文汇，2016（3）：21－41.

［58］詹浩勇．生产性服务业集聚与制造业转型升级研究［D］．成都：西南财经大学，2013.

［59］詹浩勇，冯金丽．广西北部湾经济区新型工业化评价与发展研究——基于区域比较的视角［J］．广西社会科学，2010（10）：26－30.

［60］詹浩勇，冯金丽．西部生产性服务业集聚对制造业转型升级的影响——基于空间计量模型的实证分析［J］．技术经济与管理研究，2016（4）：102－109.

［61］张丙宣，周涛．智慧能否带来治理——对新常态下智慧城市建设热的冷思考［J］．武汉大学学报（哲学社会科学版），2016（1）：21－31.

［62］张亚明，严玲玉，郑莉，李威．供给侧改革与协同发展视角下河北产业转型研究［J］．燕山大学学报，2017（6）：88－95.

［63］赵俊．坚硬的泡沫：智能硬件挺进新时代［J］．新财富，2015（10）：32.

［64］中共柳州市委政策研究室课题组．柳州实施东融战略，加强产业融入与基础设施配套对策研究［R］．柳州，2019.

［65］中国信息通信研究院，中国欧盟政策对话支持项目．中欧智慧城市比较研究报告（2014 年）［M］．北京：商务印书馆，2015.

［66］钟良．用智能制造培育柳州经济发展新动能［N］．柳州日报，2017－12－22.

［67］朱桂龙，樊霞．智慧城市建设理论与实践［M］．北京：科学出版社，2015.

［68］朱靖，邓逢根．粤港澳大湾区背景下佛山市制造业与港澳服务业协同发展研究［J］．商业经济，2020（2）：20－21＋36.